フレームワークで人は動く

「変革のプロ」が使いこなす18の武器

清水久三子
Kumiko Shimizu

朝日新聞出版

はじめに

フレームワークで人は動く――という言葉を目にして、「本当？」と思われましたか？もちろん、「本当」です。

これは「フレームワーク『だけ』で人は動く」という意味ではありませんし、「フレームワークがあれば人は動く」という意味でもありません。

じつは、「フレームワーク『の使い方次第』で人は動く」という意味です。

フレームワークはただ知っているだけでは力を発揮しません。フレームワークの「使い方」こそが重要なのです。

ところで、ビジネスで用いるフレームワークには、「コト（事）系」と「ヒト（人）系」の2つのタイプがあることをご存じでしょうか。

一般的にフレームワークといった時にイメージされるのは「コト系」のほうなのですが、じつは、コト系とヒト系を上手に組み合わせる（使いこなす）ことができて初めて、「フレームワークで人は動く」となりえるのです。

簡単に「コト系」「ヒト系」の違いを表すと、次のようになります。カタカナにすると「コ」

と「ヒ」の一文字違いでしかありませんが、その中身には大きな違いがあります。

●**コト系……物事を整理・分析するのに役立つフレームワーク**
●**ヒト系……人を巻き込むのに役立つフレームワーク**

たとえば、既存のビジネス書でも数多く紹介されている「ロジカル・シンキング」のフレームワークなどは「コト系」に分類されます。そのほか、これまでの前提を疑い、何をすべきかを考え出す（アイディア想起）ための「ラテラル・シンキング」のフレームワークなども「コト系」に含まれます。

一方、「ヒト系」のフレームワークについて書かれた一般向けのビジネス書はあまりありません。

私のコンサルタントとしての専門領域は「企業変革戦略コンサルティング」ですが、これまで特に「ヒト系フレームワーク」を駆使して、企業統合や新制度の導入などの変革プロジェクトをリードしてきました。

コンサルタントというと、コト系フレームワークを使った戦略・事業立案が得意というイメージを持たれる方が多いのではないかと思います。しかしじつは、ヒト系フレームワークの活用は、企業変革プロジェクトにプロとして関わる者であれば、必須スキルとしてトレーニングされているものなのです。

ヒト系フレームワークは、通常、クライアントにも見せることが少ないため、「門外不出」のフレームワークといってもよいかもしれません。本書ではこの〝隠された武器〟に力点を置き、「人を動かす」ノウハウを読者の皆さんにご紹介していきます。

特に、若かりしころの私や、後ほどご紹介する山田くんがそうであったように、「ロジカル・シンキングを使いこなすのは得意！　でも、何かを始めると抵抗にあいやすいような……？」という悩みを抱えているようなら、仕事にヒト系フレームワークを取り入れていただくことで、人生を大きく変えられるかもしれません。

※

じつは、私が「ヒト系」を重視するようになった原点には、コンサルタントになる前、新卒で入社した大手アパレル企業でのほろ苦い挫折経験があります。

配属はシステム企画部でした。当時は、オープン化といって、システム開発に使われるマシンがメインフレームと呼ばれる大型コンピュータから、ＵｎｉｘやＷｉｎｄｏｗｓなどといった小型コンピュータへと移り始めた時代です。

私は新技術を活用したプロセス改善プロジェクトのリードを任され、仕事にやりがいを持って取り組んでいました。部門のなかでも新しい技術をいち早く勉強させてもらい、評価も高く、正直なところをいうと少し天狗《てんぐ》になっていたかもしれません。

現場のベテラン社員の方たちにプロセス改善プロジェクトについての説明をしていた時の出来事です。

私が新しいプロセスを説明すると、「どうして変えなくちゃいけないわけ？ 俺たちは10年前からこのやり方でやってきて慣れてるし、ノウハウだってたまってるんだよ。そんなやり方でうまくいくわけないだろ！」と大きな抵抗を受けたのです。

しかし、そういわれてもおとなしく「はい、そうですか」と引き下がるわけにもいかず、「10年間同じやり方って古いってことですよね。それでいいと思っているんですか？」といい返したのですが……。ただでさえ緊張感が漂っていた会議は、ますます険悪なムードになってしまいました。

結局、プロジェクトはなんとか終了し、新プロセスも導入されましたが、現場との関係性にはしこりが残りました。

この苦い経験をした私は、「もっとうまく変革を推進できるようになりたい」と考えるようになりました。そして、いろいろ調べてみると、どうやらコンサルタントという職業は、その道のプロフェッショナルであるらしいということに気がつき、コンサルティングファームへと転職したのです。

私は、コンサルタントの基礎として学んだ「考え方」「ツール」「方法論」に夢中になりました。なんと体系的で洗練されていて、多くのノウハウが蓄積されているのだろうと。「これを知っていれば、苦い体験をしたあのプロジェクトで、現場のベテランを論破できたのに」と考えました。

そうやってコンサルタントとしてプロジェクト経験を積んでいくうちに、私は方法論を使いこなす達人として認知されるようになりましたが、またここで転機が訪れます。クライアントから「あなたのいっていることはもっともで論理的だけど、納得できない。魂が感じられない」といわれたのです。

すっかりコンサルタントとしてできる気になっていた私は、大ショックです。「魂っていわれても……」と頭を抱えた私は、上司に「次のプロジェクトは魂系のプロジェクトマネジャーの下にアサイン（配属）してください！　どんな領域でもかまいません」と無茶をいって、頼み込みました。

そして、めでたく人間力のある熱いプロジェクトマネジャーにつくことができたのですが、その方の下で私が学んだのは、「人間的な側面を考慮しながら、プロジェクトをどうやって進めていくのか」という体系的なノウハウでした。

それまではロジカルな正論がコンサルタントの神髄だと思っていましたが、それだけでは大きな変革は成し遂げられないということを深く学ばせてもらえたのです。

※

このようにして、私は企業変革戦略を専門としたキャリアを積み、人を動かすためのスキルを身につけてきたわけですが、「若かりし日のあの自分がこれを知っていたら、もっといい仕事ができたのに……」との思いを胸に本書を書き上げました。

とはいえ、あの苦い体験があったからこそ、こうして多くの学びを得られたのだとも思います。ここで思い出されるのが、夏目漱石の『草枕』の有名な冒頭の言葉です。この言葉はまさに若かりしころの私が経験した企業変革の現場の様子を表しています。

智《ち》に働けば角《かど》が立つ。情に棹《さお》させば流される。意地を通せば窮屈だ。

兎角《とかく》に人の世は住みにくい。

私はこれを「理屈だけで動いていると、人と衝突する。逆に人のことばかり考えていると、相手に折れてばかりで流されてしまう。かといって、自分の意地でゴリ押ししようとすれば、肩身が狭くなっていく……」と解釈しています。

これから、「知（智）」のコト系と「情」のヒト系という2つのタイプのフレームワークを使いこなすことで、意地を通さずに、世の中を渡っていくための方法をご紹介していきます。本書が、皆さんが価値ある仕事に多くの人を巻き込み、充実した人生を歩まれる一助になれば幸いです。

フレームワークで人は動く●目次

Stage 2

「計画」&「組閣」

装丁・本文デザイン／萩原弦一郎・橋本雪（デジカル）
図版／朝日メディアインターナショナル

序章

フレームワークを使いこなせば人は動く

いろいろ使える「人を動かすフレームワーク」

本書は、ビジネス・フレームワークをコト系とヒト系に分けることで、「人を動かす（ための）フレームワーク」の使い方をわかりやすくご紹介する本ですが、解説をわかりやすくするために、私の得意分野である「企業変革」のケースを用いながら話を進めていきます。

企業変革と聞いて、自分はそんな大それたことをする立場ではないから関係ないと思われている方もいるかもしれません。しかし、企業変革で必要とされる「人を動かす」というスキルは、じつは今の時代の多くのホワイトカラーのビジネスパーソンが身につけるべきものであるといっても過言ではないと、私は考えています。

なぜなら、めまぐるしくビジネス環境が変化する現代にあっては、さまざまな対人関係を円滑に進めることで、すばやく変化に対応し、ビジネスをより優位に進めていく必要に迫られているからです。

ここでいう「人を動かす」とは、ある人にAという状態からBという状態に変わってもらうということを意味します。このAとBの変化の差が非常に大きいのが「変革」です。

相手に変化を起こすという意味では、これからご紹介するノウハウは、販売員と顧客、上司と部下など、仕事をするうえで欠かせないさまざまな対人関係にも応用が可能です。ある意味、変革さえも起こせるスキルを身につけることができれば、どのような対人関係にも臆することなく臨むことができるようになることでしょう。


ここで、予備知識として、「変革」という言葉の定義について少しご説明しておきたいと思います。同じように使われがちな「改革」という言葉と比べてみましょう。図1をご覧ください。

変革と改革の違いを一言でいうと、「変わって新しいものになる」のが変革で、「改めてよりよいものにする」のが改革ということになります。

図1　変革と改革

変革		改革
√ 変わって新しいものになる √ 自動的 √ 陋習（ろうしゅう：悪い慣習）を破る	特徴	√ 改めてよりよいものにする √ 他動的 √ 弥縫策（びほうさく：一時的な方策）を練る
√ 前提を大きく変える創造的破壊	前提	√ 従来の前提を踏襲した延命措置
√ 新しい人物が脚光を浴び、活躍する	実行者	√ 従来の権力者が大鉈（おおなた）をふるい、管理する
√ 新しい価値観によるダイナミックな世界 √ 希望	結果	√ 統制・規制された落ち着いた世界 √（一時的な）安心

つまり、「それまで当たり前であったこと（前提）までも覆していく」のが変革であるのに対し、「基本的には前提が大きく変わることがない」のが改革です。

たとえば、歴史の授業で、「江戸の三大改革」という言葉を習ったのではないでしょうか。ここでは改革という言葉が使われていますが、徳川家の為政は永続するものという前提のもとに何かを変えようとしたという意味で使われているのでしょう。「徳川家○代将軍○○による○○の令」などという言葉を暗記した覚えのある方もいると思いますが、前提を大きく変えない改革は、時の為政者や抜《ばっ》擢《てき》された側近が行うことが多く、その結果として規制や統制が生まれることが多くなるというのが特徴の一つです。

一方で、変革としての例としては、明治維新があげられます。ペリー来訪をきっかけに、数百年続いてきた徳川幕府という大きな前提が崩れた時代です。多くの幕末の志士が生まれ活躍した時代としても知られていますが、そのように新たな登場人物が脚光を浴び、活躍するのも変革の特徴といえます。

技術革新や産業の崩壊などによって、これまでの常識や前提があっという間に崩れ去り、5年先でさえ予測できない現代は、まさに変革が求められている時代ということができるのではないでしょうか。

かつては、企業の経営戦略は10年先を見据えて練るものといわれていました。しかし、現在の経営戦略の寿命は2・5年ともいわれ、かなり短くなってきています。つまり、「変わり続けることができない企業は生き残れない」のです。

企業が変わり続けるということは、企業のなかでは大小さまざまなレベルでの変革が常に求められるということです。どう変化するかを見極め、その変化を推進する力が求められるのです。

そういった意味でも、現代は「人を動かすスキル」が欠かせない時代――すなわち、人を動かすスキルを持った人材のいる企業だけが生き残ることができる時代――であるといっても過言ではないのです。

人が動いてくれない2つの理由

❶「課題設定力」の不足

とはいうものの、「人を動かす」のは難しく、変革どころか、改革さえもなかなかうまくいかないというのが、実際のところかもしれません。

ではなぜ、多くの場合、人は動いてくれず、変革や改革は失敗に終わるのでしょうか？

先ほどご説明した「変革と改革」の表のなかにヒントが隠されています。キーワードは「前提」です。

まず、変革の場合は、前提までもが覆りかねないわけですから、何をすべきかを見極めるのがとても難しいという状況が想定されます。当然、何をすべきかがわからない状況で人を動かすことなどできるわけがありません。

逆に、改革の場合は、前提が覆っていない状況であるからこそ、何かを変えることの必要性を理解してもらうのが難しいという状況が想定されます。確かに、徳川幕府の将軍のように強大な権力を持った人であれば、無理にでも改革を推し進めようとすることができるかもしれません。しかし、理解ができないことを強要することをもって「人を動かす」というのであれば、本書などそもそも必要ないでしょう。

いずれにせよ、共通して求められるのは、「Ｗｈｅｒｅ＝どこへ向かうべきか」と「Ｗｈａｔ＝何をすべきか」を決めていく能力です。そのうえで、「Ｈｏｗ＝どうするか」を考えていくのです。

私は、「Ｗｈｅｒｅ」と「Ｗｈａｔ」を特定して実行するスキルを「課題設定力」と呼び、「Ｈｏｗ」ということを考え実行するスキルのことを「問題解決力」と呼んでいますが、ここでいう課題と問題とは次のような意味です（図2）。

●**課題**……「現状」と「あるべき姿」のギャップを把握したうえで、「現状」を「あるべき姿」にするためにすべきこと

●問題……課題の達成（＝「現状」を「あるべき姿」にすること）を阻む要因

言葉の定義に絶対的な答えがあるわけではありませんが、少なくとも本書で「課題」や「問題」という言葉を使う時には、このように考えてください。

そして、これらを踏まえて「人を動かす」を定義すると、次のようになります。

●人を動かす……課題を達成するために、問題の解決にあたってもらう

つまり、人を動かすには、「課題」をきちんと伝え、動く（問題解決にあたる）ことの意義を理解してもらう必要があり、そのためにはまず「課題」がきちんと設定されている必要があるのです。解決すべき問題をあぶり出すのは、それからでも遅くはありません。

ですから、「課題設定力」と「問題解決力」を比べた時に、より重要なのは「課題設定力」のほうです。コンサルタントをしていると、「組織内から斬新な案や企画が出てこない」という悩みをよく耳にします。しかし、その原因を探っていくと、企画能力の有無という問題以前に、課題をきちんと設定することなしに問題の解決にあたろうとしているというケースが大半です。

図2　課題と問題

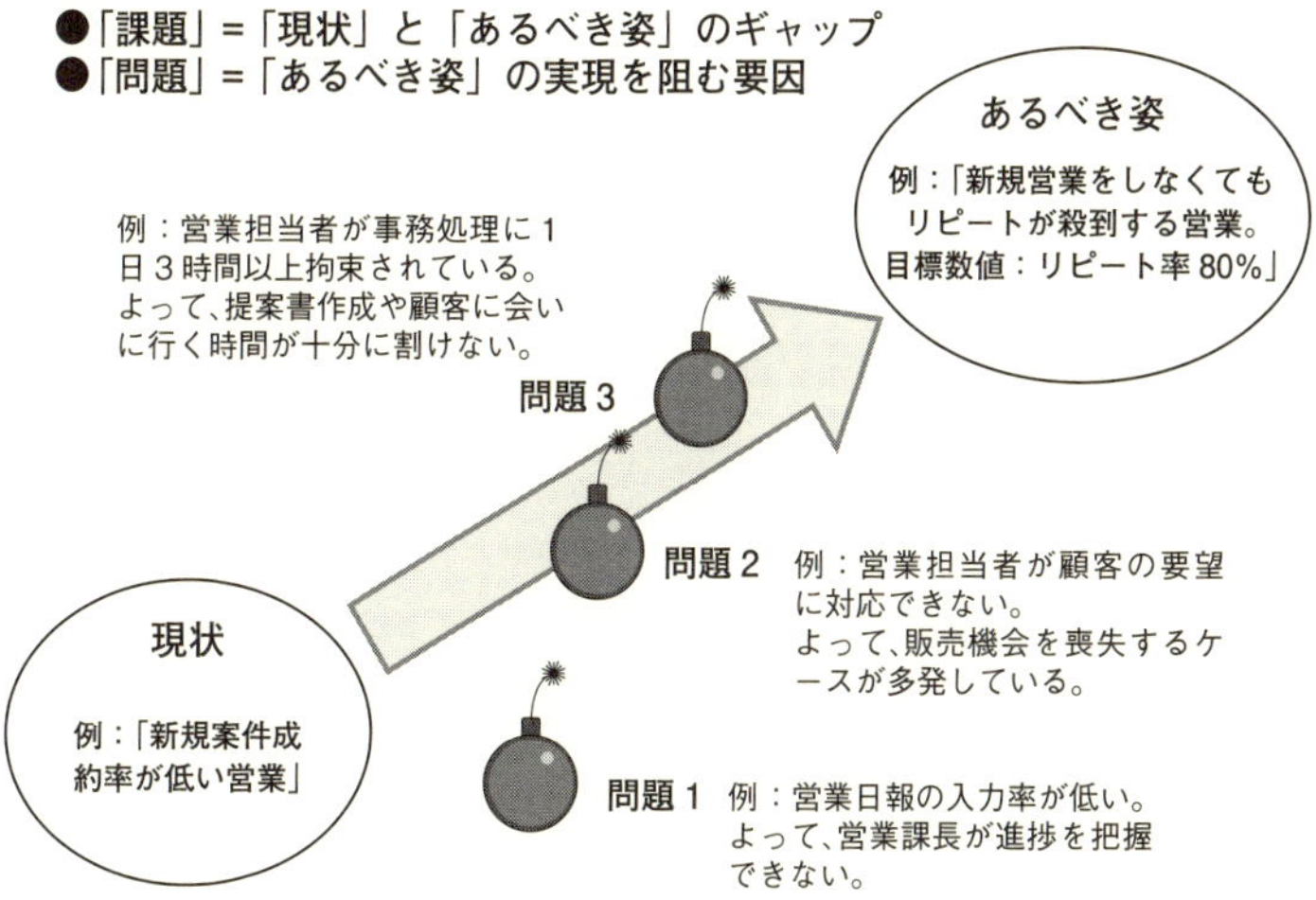
●「課題」=「現状」と「あるべき姿」のギャップ
●「問題」=「あるべき姿」の実現を阻む要因
あるべき姿
例：「新規営業をしなくてもリピートが殺到する営業。目標数値：リピート率80%」
例：営業担当者が事務処理に1日3時間以上拘束されている。よって、提案書作成や顧客に会いに行く時間が十分に割けない。
問題3
問題2
例：営業担当者が顧客の要望に対応できない。よって、販売機会を喪失するケースが多発している。
現状
例：「新規案件成約率が低い営業」
問題1
例：営業日報の入力率が低い。よって、営業課長が進捗を把握できない。

そして、何を隠そう、そのような課題設定力が不足した状況で力を発揮するフレームワークこそが、「コト系」のフレームワークなのです。

今後、さらにビジネス環境が複雑化すればするほど、トップダウンでビジネスを進めていくことが難しくなり、現場主導による変化への対応がますます求められるようになっていくことでしょう。その際に、現場で適切に人に動いてもらうためにも、この課題設定力——コト系フレームワークを使いこなす力——はより一層重要になるはずです。

課題が不明確なままでは、誰しも動きにくいものですし、動いた後の評価だってどうされるかわかったものではありません。せっかく行った問題解決が結局無駄だったというようなことが重なれば、対応が後手に回って、企業が存続の危機にさらされやすくなるのは火を見るよりも明らかでしょう。

❷「人心推進力」の不足

企業変革のプロとして私が大切にしている考え方があります。それは**「組織の根底には感情が流れている」**というものです。

企業などの組織は、戦略や指示命令、制度というものだけで動いているわけではありません。そこにいる人々が持つさまざまな感情がもたらす作用というのは、想像以上にとてつもなく大きなものなのです。

たとえ目指すべき姿（課題）が正しくできあがっていても、人々の気持ちをそこに向かわせることができなくては、やはり変革は失敗に終わってしまいます。「変わろう！　変わらなくては！」と声高に訴えたところで、相手が自ら「変わりたい（動きたい）」と思わない限り、何も始まらないからです。

先ほど、「理解ができないことを強要することをもって『人を動かす』というのであれば、本書などそもそも必要ない」と書きましたが、本当の意味で「人に動いてもらう」には自発的に「変わろう」という意思を持ってもらうことが必要不可欠です。

企業や組織内に流れる感情という目に見えにくい曖昧《あいまい》なものを科学的にとらえ、コントロールしなければ、人を動かすことはできません。気合や体当たりでは、いらない衝突や心理的ダメージ、体力の喪失など、自分自身の身を削ることになってしまいます。

変革にしろ、改革にしろ、人に動いてもらう（変わってもらう）ということは〝体質改善〟のようなものだと考えてください。そのためには、人を無理やり動かそうとするのではなく、動きたいという気持ちにさせることが重要なのです。


ここで、企業変革に関する興味深いデータを2つお見せします。

1つ目は、『ハーバード・ビジネス・レビュー』のWeb記事で紹介された「私たちが変われない50の理由」というリストです。このE・F・ボリッシュ氏（ミルウォーキー・ギア・カンパニーという老舗の部品メーカーの製品マネジャー）が寄稿したリストが興味深いのは、なんと1959年に発表されたものであるにもかかわらず、現在もほとんどの企業やリーダーが同じ問題に直面しているという点です。

そこには、たとえば「今のままで十分だから」「前にやったことがあるから」「一度もやったことがないから」「競合がやっていないから」「営業が無理だというから」「サービス部門が嫌がるから」などというような理由が並んでいます。

人は、「変わりたくない（動きたくない）」と思えば、いくらでも理由を考え出すものだということがおわかりいただけるでしょうか？

2つ目は、2000年にIBMビジネスコンサルティングサービスが500社の経営者に対して行った調査で、「変革の障害となるものは何か？」という質問への回答からトップ10を抽出したものです（図3）。

これらを見ると、変革をリードする人のスキルやリーダーシップの不足もさることながら、コミュニケーション不足や関係者の抵抗など、変革の意識を醸成できないことが要因としてあがっていることがわかります。

多くの企業変革の経験談には「思わぬ抵抗にあった」というエピソードが多いのですが、「思わぬ抵抗」があったら、対応が後手になる分だけ失敗の確率が高まるのは当たり前です。

ではなぜ、「思わぬ抵抗」が起きるのでしょうか？

その理由は、何かを変えようと思っている人は、「相手も重要性を理解して動いてくれるはず」という思い込みを持ってしまうからです。しかし現実には、変化の必要性（課題）を理解している人と、まだ理解していない人では見えている景色が違います。

Ｗｅｂで発表したり、メールを送ったりすれば、あとはみんなが動いてくれるはずと思

図3　変革の障害（トップ10）

変革の障害	500社中の割合
人的リソース不足	48%
セクショナリズム	44%
変革推進のスキル不足	43%
ミドルマネジメントの問題	38%
プロジェクト期間の長さ	35%
コミュニケーション不足	35%
関係者の抵抗	33%
人事制度上の問題	33%
リーダーシップの欠如	32%
非現実的なスケジュール	31%

出典：IBCS Survey

トップ10のうち、8つが人に起因するもので占められている。

うのは、大きな間違いです。なかには、自らの保身を考えて動く人もいるでしょう。

じつは「何かを変えようとしたら関係者から抵抗を受けるものである」ということをあらかじめ織り込み済みで、企業変革は推進しなくてはならないのです。

そのような抵抗を見せる人に対して、ロジカル・シンキングが得意な人などは、論理的な理由を提示して論破しようとする傾向があります。しかし、理路整然と説明するだけでは、納得してもらえないことも多いということを学ばなくてはなりません。

なぜなら、「変わりたくない」とい

図4　人を動かす2つの力

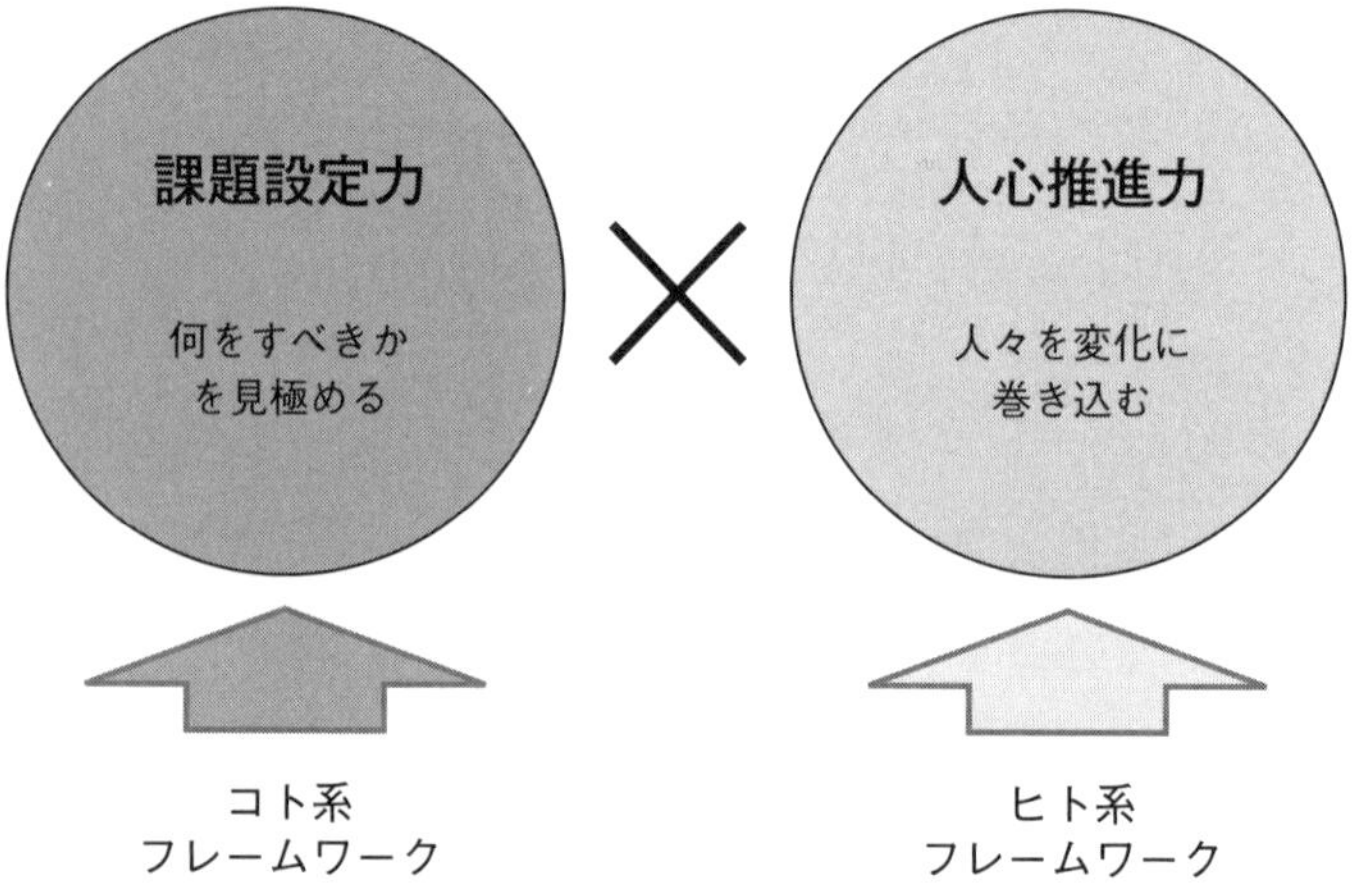

うのは感情の問題だからです。そこに理詰めでいっても納得感は生まれてこないのです。

たとえば、「はじめに」でご紹介した私の苦いエピソードでは、「一度もやったことがないから」と「今のままで十分だから」という2つの理由で抵抗されました。もしも当時の私がこのことを知っていて、変革への抵抗を予測できていれば、それだけでも、もっと冷静に対応ができたのではないかと思います。

逆に、熱い情熱的なタイプの人がこのような抵抗に直面すると、真っ向から相手の気持ちと直面することになります。うまくいけば相手がその熱意にほだされてくれることもありえますが、情熱的な熱さが悪い方に向かうと、お互いの人格や価値観レベルまで否定するような泥仕合になり、しこりが残ってしまうことにもなりかねません。

関係者をその気にさせるのに、リーダーの熱意や権威だけでは限界があります。変化の程度が大きくなればなるほど、熱意や権威だけでは人は巻き込めなくなります。「情」だけで押すことも難しいわけです。

このように人心の機微を理解し、推進していく力を本書では「人心推進力」と呼ぶことにします。人々から「変わりたくない」という恐怖・不安の感情を取り除き、「変わりたい」という気持ちに向かわせる力です。

この「人心推進力」は、どちらかといえば、個人の特性のようなものに思われがちで、あえて学習するという機会も少ないため、余計に後手に回ることが多いように思います。

しかし、「気が合う」「気が合わない」という問題で片づけることができないのが、どうしても人に動いてもらわなくてはならない変革です。そして、そのような変革をより確実に遂行していくために開発されたフレームワークこそが、これからご紹介していく「ヒト系」のフレームワークなのです。

感情を扱う「ヒト系フレームワーク」

ヒト系のフレームワークには、心理学的なものから、チーム力学、組織理論などといった多様なフレームワークが含まれます。本書では、それらのなかから、数多くの企業変革を経験してきた私が特に知っておいたほうがいいと考えたものをご紹介していきます。

ヒト系フレームワークの理論をコト系フレームワークとあわせて体系的に理解することで、あたってくだけるコミュニケーションではなく、目指すべき方向へ導いていくコミュニケーションをとることができるようになります。

たとえば、企業変革のプロジェクトでは、「変革がどのように受け止められているか」という受容度調査を実施することが多いのですが、クライアントに対しては必ず「この受容度調査は、まず第1回目はひどい結果が出ます。不満も出ます。しかし、すべて織り込み済みなので不安にならないでくださいね」と説明します。これは、変革の受容度がどのような変化を見せるのか、またどのようにコントロールしていくかを体系的に知っているからできるのです。

今まで指導してきた方々を思い浮かべると、得手不得手が論理的か感情的かのどちらかに偏っていることが多いようです。

たとえば、ロジカル・シンキングが得意な人は、コミュニケーションを軽視しがちで、抵抗にあった場合でも、「この構想のすばらしさを周囲の人たちが理解できないのだ」と自分の正しさに固執しがちです。逆に、人付き合いが得意なタイプの人は、仲良しチームに陥りがちで、大勢の意見を聞き入れすぎてしまい、革新的なことができない傾向にあります。

どちらの人にとっても、「ヒト系フレームワーク」は有用です。変革の各段階で人々がどのような感情を持つのかを理解しておけば、さまざまな抵抗や出来事に一喜一憂したり、味わわなくてもよい挫折感にさいなまれたりしないで済みます。

ロジカルに考え、説明することに役立つコト系フレームワークに加え、このヒト系フレームワークを使いこなすことができれば、「実行力」が格段に上がることでしょう。

フレームワークをどう使いこなすのか

では、数あるフレームワークを「いつ、どのように使い、人を動かしていけばいいのか」を体系的にご説明していきましょう。

まず、コト系フレームワークとヒト系フレームワークは、それぞれ次のように分けることができます。

- **コト系フレームワーク**……「企画」「計画」「実行」
- **ヒト系フレームワーク**……「布陣」「組閣」「展開」

どちらも3つに分けられているのには意味があります。

本書の冒頭で、「コト系とヒト系を上手に組み合わせる（使いこなす）ことができて初めて、『フレームワークで人は動く』となりえる」と書きましたが、企業変革ではそのプロセスを3つのステージに分け、「ステージ1『企画』&『布陣』→ステージ2『計画』

＆『組閣』→ステージ3『実行』＆『展開』」と進めていくのです（図5）。

ここで、それぞれの概要を見ておきましょう。

Stage 1 「企画」＆「布陣」

ステージ1では「やるべきこと（課題）」を定め、「巻き込む人」を決めていきます。

「企画」と「布陣」は切っても切れないものです。影響力の大きい関係者にはステージ1の段階から企画に関与してもらうことで、どんどん巻き込んでいくべきだからです。

まず、コト系フレームワークを使って、変革の大方針である「What＝何

図5　人を動かすフレームワーク

	Stage1 企画・布陣	Stage2 計画・組閣	Stage3 実行・展開
コト系フレームワーク	**やるべきことを定める** □前提への3つの挑戦 □SCAMPER □戦略立案フレームワーク	**目標を決め計画を立てる** □タイムマシン法 □ブレーンストーミング □ペイオフマトリクス □SMART	**プロジェクトを遂行する** □PMBOK 9つの知識エリア □リスクアセスメント
ヒト系フレームワーク	**巻き込む人を決める** □ステークホルダーマップ □ステークホルダータイプ □マンツーマングリッド	**中核となるチームをつくる** □ハーマンモデル □ベルビンロール □タックマンモデル	**変化を拡大・浸透させる** □変革受容モデル □コミュニケーション・フレームワーク □3つのボード

をすべきか」を決めるのが「企画」です。

さまざまな見方をしてアイディアを創出するラテラル・シンキングのフレームワークの一種である「前提への3つの挑戦」や「SCAMPER」を用いて「課題」を設定し、ロジカル・シンキングの「戦略立案フレームワーク」を用いて、課題を実現することを阻む問題を分析し、解決の方向性を見極めていきます。

そして、「企画」を詰めながら、「ステークホルダーマップ」などのヒト系フレームワークを使って、主要な関係者（ステークホルダー）にどのように関与してもらうかを検討していきます。これを「布陣」と呼んでいます。

Stage 2 「計画」&「組閣」

ステージ2では、「『企画』の方向性に合致した計画」を立て、「実際に動くチーム」をつくります。

計画づくりももちろん大切なのですが、さまざまな抵抗や障害にぶつかった時に立ち向かっていけるチームづくりがより重要です。

まず、コト系フレームワークである「ペイオフマトリクス」や「SMART」などを活用して、「Ｈｏｗ＝どのように変革するか」ということを具体化していきます。これが「計画」です。

そして、「計画」を立てながら、「ハーマンモデル」や「タックマンモデル」などのヒト系フレームワークを使って、チームメンバーのキャラクターやチーム内の力学などを理解していきます。これを「組閣」と呼んでいます。

Stage 3 「実行」&「展開」

ステージ3では、「『計画』を実行」し、「変革をチームの外（組織全体や現場）へと展開」していきます。

どんなにすばらしい「計画」が描けたとしても、「実行」や「展開」の段階でつまずいてしまってはまさに絵に描いた餅です。現場の人心を把握し、感情をきちんとコントロールしていくことが不可欠です。

まず、コト系フレームワークである「プロジェクト・マネジメント」の指標を使って、「実行」を管理していきます。また、「実行」するうえにおいて無視できないリスクを上手に扱うために「リスクアセスメント」のフレームワークを活用します。

そして、ヒト系フレームワークである「変革受容モデル」などを使って、実行によって生じる感情の変化を把握しながら、変革を進めていきます。これを「展開」と呼んでいます。

Story

「ある3人の変革物語」

ここまでの説明で、「人を動かすフレームワーク」のおおよそのイメージはつかんでいただけたでしょうか。

理屈っぽいところもだいぶありましたので、ここでちょっとした気分転換に、ある物語をご用意しました。これからご紹介するのは、私が経験してきたさまざまなプロジェクトで実際に起きたことをもとにした物語です。各ステージの説明に入っていく前に、このストーリーを読んでいただくことで、フレームワークの活用シーンをイメージしていただきやすくなるだろうと思います。

逆に、ストーリーのなかには、聞き慣れない言葉が出てくるかもしれませんが、それらについてはその後の解説できちんと説明をしていますので、ご安心ください。ひとまず、キーワードだと思って読み進めてください。

さて、物語は、ある3人が変革に関わる役に任命されるところからスタートします。

なお、ステージごとに主人公が変わっているのは、企業変革のように大きな変化を生み出そうとするプロジェクトになればなるほど、一人ですべての役割を担うことが難しくなるからです。現実的には、「人を動かすフレームワーク」の全体像を企業変革に関わるメンバー全員がある程度把握したうえで、それぞれがフレームワークに基づきながら役割を分担するというのが理想的な姿といえるでしょう。

※

ある月曜日の朝、3人が事業部長の部屋に呼び出されました。山田論（やまださとし・28歳）、鈴木和子（すずきかずこ・30歳）、森口通（もりぐちとおる・25歳）。「何を告げられるのか」と緊張の面持ちの3人に、大林事業部長はこう告げました。

大林「うちの事業部の、営業力を強化していくという年頭方針はみんな聞いているね。君たちにその変革プロジェクトに携わってほしいと考えているんだ。

山田くんは、自らビジネススクールに通って勉強して、将来的には経営企画を希望していると聞いているよ。君には、どうやったら営業力を強くできるのか、分析・立案をしてほしいと考えているんだ。

鈴木くんは、他部門にも顔が効く、人気者だから実行リーダーを任せたい。

森口くんは、まだ若いが最新テクノロジーに詳しいらしいから、このプロジェクトをどうやって社員に伝えて推進していくかを考え、実行してもらいたい。

どうかな？」


3人の反応はそれぞれ違います。

自分の興味や強みのある仕事を任されたと思い、嬉《うれ》しさを隠しきれない山田くん。そんな大役が務まるのかと自信なさそうな鈴木さんに、「なんか面倒なこと頼まれちゃったよ……」と内心不満の森口くん。

そんな3人の反応を確かめつつも、さらに事業部長はこう続けました。

大林「とはいえ、いろいろと問題が出てくるかもしれないから、困った時の相談役として、千田《せんだ》くんに話をつけておいたよ。じゃ、あとはよろしくね」

この「千田」という名前は社内の誰もが知っています。全社のリバイバルプロジェクトにも携わった経験豊富なリーダーです。

ここでの受け止め方も三者三様です。

「アドバイザーなんていらないよ、問題解決とか戦略立案ならビジネススクールでみっちり勉強したし！」（山田くん）

「わー！　よかった♪　いっぱい相談しちゃおう」（鈴木さん）

「面倒なこといわれないよう、さくっと終わらせよう。本業も忙しいしね……」（森口くん）

こうして、とにもかくにも、変革のプロジェクトが始まることになりました。

もともと戦略立案型のコト系フレームワークが得意な山田くんは「人をどう巻き込むかを考える」フレームワークを学び、実践していきます。続いて、人と仲良くするのが得意な鈴木さんは「集まった人たちを強いチームへと導く」フレームワークを、そして、インターネットのコミュニケーションに偏っていた森口くんは「人の感情を動かし、行動を促す」フレームワークを学び、実践していきます。

各ステージのイントロダクションで、少しずつ物語が進んでいきますので、３人の活躍もお楽しみに！

※

では、これから3つのステージで、フレームワークをどのように使うのかを一緒に見ていきましょう。すべてのフレームワークを知った後は、きっとご自身でどう使ってみようかとうずうずしているはずです！

Stage

1

「企画」&「布陣」

イントロダクション1

「やるべきこと」と「巻き込む人」を明確にする

ステージ1のポイント

ステージ1では、コト系フレームワークで変革を「企画」し、ヒト系フレームワークで「布陣」するところまでを説明していきます。

「企画」のコト系フレームワークについては、類書がたくさん出ていますので、取り上げる数をしぼり、アイディアを創出したり、変革の方向性を決めたりするのに役立つ代表的なものをご紹介しています。

一方、「布陣」のヒト系フレームワークでは、ステークホルダー（利害関係者）を分析・把握するためのフレームワークをご紹介します。

しっかりとした企画を立てることももちろん重要ですが、人を動かすフレームワークの要となるのがヒト系フレームワークで紹介している「ステークホルダーマップ」です。

このフレームワークは、変革の各ステージでずっと見ていなくてはならない重要な羅針盤ともいえます。特に、いくらいい企画を考えても抵抗や障害にあって実現できないという方は、ぜひヒト系フレームワークを使って、集団や組織に流れる感情を見える化し、コントロールすることをやってみてください。

※

それでは、ステージ1の解説に入っていく前に、「山田くんの挑戦」をお楽しみください。

Story

「山田くんの挑戦」

大林事業部長からの呼び出しの後、自分のデスクでさっそく準備に取りかかった山田論くん。「まずは、現状分析からだな……」と分厚いビジネススクールのテキストをめくりながら、分析・立案の進め方を考え始めます。

山田くんのノートにはたくさんのフレームワークの絵が描かれています。「まず、外部環境分析をしてと……。次は、強み弱みを見てだな……。競合分析は……」と分析の手順をスラスラと書いていきます。着々と進んでいるようです。

そんな山田くんの背後からノートをのぞき見ていた千田さんが声をかけました。

千田「山田、ずいぶん張り切ってるみたいだな！　ほおー、何やら難しそうなフレームワークをたくさん使ってるなー」

山田「千田さん！　ご無沙汰してます。あれから僕もいろいろ勉強したんですよ」

じつは、山田くんは新人研修後のＯＪＴ（On the Job Training：職場内で行われる教育・訓練）で、千田さんについて指導を受けたことがあったのです。その時に知識不足を散々指摘され、提案書や企画書のやり直しを何度も命じられた苦い経験がありました。

そこで、自分では優秀だと思っていた山田くんは、鼻っ柱を折られた悔しさから、ビジネススクールに通うなど自己研《けん》鑽《さん》をしてきました。今回はあの時の雪辱が果たせると思うと、資料づくりにもさらに気合が入ります。

山田「見ててくださいよ～！　あの時の自分とは違いますから」
千田「ずいぶんと自信満々だな。ところで、現状調査は誰と話したの？」
山田「現状なんてデータを見ればわかりますよ。わざわざ話す必要なんてないですよ」
千田「ふーん、じゃあ、進藤部長のやってるプロジェクトのこと聞いてる？」
山田「ああ、でもあれあんまり関係ないかと……。いずれにせよ、よい企画を出せば通りますよ」
千田「……まずはお手並み拝見かな」

※

2週間が経ち、いよいよ現状分析結果と解決策をA事業部の営業部門のお偉方に報告する日がやってきました。
山田くんは、意気揚々とプレゼンテーションを進めます。パワーポイントは戦略コンサルタントが作成したそれのようで、ロジカルで隙のない分析が続き、解決策の提案までよどみなく説明が終わりました。山田くんは内心、「うまくいったぞ！　このロジック（論理）なら全員が賛同するに決まっている」と成功を確信していました。

すると、一人苦虫をかみ潰したような顔をして黙って聞いていた大口顧客担当の営業一部の稲盛部長が口を開きました。

稲盛「ずいぶんと小難しい横文字を並べて、それらしいことをいってるように思えるけど、なんだか現実味がないプランだね」

カチンときた山田くんですが、そこはなんとか顔に出さずに……。

山田「どこがご理解いただけないのか教えていただけますか？」

稲盛「うちの事業部の業務は特殊だってわかってないよね？　これまでの経緯とか無視するわけ？」

山田「昔のやり方を続けているから、こうなっちゃったんですよね？」

つい山田くんはキツイ一言で応戦してしまい、会議室は険悪なムードに包まれてしまいました。さらに、営業推進部の進藤部長がたたみかけます。

進藤「山田くん、君が提案している企画って、うちがやってる顧客満足度向上プロジェクトですでにもうやってるんだけど。なんだったら、いろいろ教えてあげるから聞きにおいでよ」

そういわれプライドが高い山田くんの顔は真っ赤です。そこに助け舟を出してくれたのは、千田さんでした。

千田「山田くんの現状分析の指摘にも、もっともな点があります。このまま放置すべきではないですよね？」

山田くんは我が意を得たりと嬉しく思いましたが、続けて、千田さんが……。

千田「僕が見ますから、解決策については、練り直す時間をください。その際、ぜひ皆さんにもお知恵をいただくなど、協力していただけませんか？」

その言葉を聞いて、山田くんは内心不満でしたが、そのまま報告会の時間が終了しました。

※

報告会後、千田さんと反省会を開くことになり、山田くんは思い切り愚痴をこぼします。

山田「どうしてみんな賛同してくれないんですかね？　それとも、僕の分析が高度すぎてついてこれないんでしょうかね？　ひょっとして、危機感が薄いのかな？」

そんな山田くんを見て、千田さんはため息を一つつくと、こんなことをいいました。

千田「山田、そもそもみんなが何を考えていて、今日の企画をどう受け止めるか全然わかってないな。そもそもの利害関係者が誰かさえ、把握してないんじゃないのか？」

山田「……利害関係者って？」

千田「これから実行される企画や変革に関係する人のことだよ。利益を受ける人もいれば、悪影響を受ける人もいる。君がやろうとしていることから影響を受ける人がどれくらいいるのか考えたことはある？」

山田「いえ、そういうことは考えたことないです。数学と同じで、正しい答えを出せばみんな賛成してくれるもんじゃないですか？　正しいことをやろうとしているのに、反対する気持ちがわかりませんよ」

千田「ビジネスに正解なんてないんだよ、山田。一つ覚えておくといい。企業や組織の根底には〝感情〟が流れているんだ。人の感情を動かさない限り、新しい企画も大きな変革も成功することはないんだ」

山田「感情……ですか？　ずいぶんと情緒的な話ですね……。僕はそういうの苦手だな」

千田「じゃあ、君の好きなフレームワークを使って感情を動かすと聞いたらどう思う？　利害関係者を分析するフレームワークには〝ステークホルダーマップ〟というのがあるんだよ」

山田「それは俄然《がぜん》、興味がわいてきました！　フレームワークで人が動くんですね?!　よーし、これでぐうの音も出ないプレゼンをしてみせるぞ！」

千田「ちょっと誤解しているようだけど……」

盛り上がる山田くんを見た千田さんは苦笑しつつ、ステークホルダーマップの説明を始めました。

千田「まあ、一緒に考えていくうちにわかってくるかな？　じゃあ、まず利害関係者をひと通り洗い出してみて」

山田「えーっと、事業部長、営業部長、営業部の社員……ってところでしょうか？」

千田「想像力をもっと働かせろ。報告会で反対した2人の部長だってそうだし、顧客も重要な利害関係者なんだぞ。企画に魂を入れるためには、顧客にも利益があるものでなくてはならないんだよ」

山田「……確かにその通りですね」

千田「ひと通り洗い出せたら、きちんと興味関心を理解するんだ。そして、変革への影響力や姿勢をフレームワークで整理して、対応方針を決めていく。誰を味方につけるかも考えるんだ」

千田さんの説明を聞いていると、山田くんはまったく人を見ていなかった自分に次第に気がつき始めました。報告会での自分の発言がどのように受け止められて、反論を受けたのかも理解できたし、徐々にどうしたらよかったのかも見えてきたのです。

※

翌日、朝一番に出社した山田くんは、稲盛部長が席に着くのを待って、こう切り出しました。

山田「稲盛部長、この前の報告会はすみませんでした！　部長の意見を聞かせていただけませんでしょうか？　一緒に考えてほしいんです」

稲盛「こっちは忙しいんだから、分析ごっこには付き合っていられないよ」

山田「もっと、きちんと理解して魂の入った企画にしたいんです。いろいろ考えた結果、稲盛部長の協力がないと絶対に無理だと確信したんです。お願いします！」

稲盛「そこまでいうなら、新井課長に話を聞いてみろ」

そういうと、稲盛部長はすぐに新井課長に指示を出してくれました。
こうして、山田くんは無事にA事業部が抱える特殊性について話を聞くことができたのです。

※

嬉しくなった山田くんは千田さんのところへ飛んで行って――。

山田「千田さん！　稲盛部長が指示を出してくれて、新井課長に話を聞くことができました」

千田「へ〜っ、新井課長に話を聞けたの？　それはよかったね。あの人が味方についてくれれば、内容も安心だし、人望もあるからみんなも納得してくれるよ。やったな」

山田「はい！　稲盛部長も、この企画なら試しにやってみてもいいって……。あんな失礼なことをいってしまったのに、サポートしてくれるなんて。僕はほんと何も見えてなかったんだと反省しました」

千田「よし、次の報告会で承認もらおうな！　次は、ワコちゃんが忙しくなる番だな！」

第1章 「企画」――やるべきことを定める

コト系

動くべきか、動かざるべきか
『前提への3つの挑戦』

人を動かす（人に動いてもらう）には、まず、やるべきこと（目指すべき姿）が明確になっていなくてはなりません。

やるべきことを決めるのに役立つのはコト系フレームワークですが、いわゆるロジカル・シンキングのフレームワークだけでは足りません(図6)。ロジカル・シンキングは、目指すべき姿や、やるべきことを導き出すことにおいては万能ではないからです。「ロジックが間違っていないこと＝やるべきこと」というわけではないのです。

ロジカル・シンキングは、ある前提の上にロジックを積み上げていくためのものです。

図6　ロジカル・シンキングとラテラル・シンキング

論理思考（Logical Thinking）		水平思考（Lateral Thinking）
原因を追究し結果を生み出す直線的な因果関係思考	特徴	見方をスライドさせて別のやり方を見つけ出す創造的思考
ロジックツリー・ピラミッド（原因・結果の因果関係）	考え方	前提への３つの挑戦（前提を疑い、挑戦する）
MECE（モレなくダブりなく見る）	見方	SCAMPER（さまざまな角度から見る）

しかし、前提自体を変えていかなくてはならない変革ではそもそも、ロジカル・シンキングだけでは目指すべき姿や革新的なアイディアを出すのが難しいですし、前提を変えない改革であっても、前提までさかのぼって考え方を見直さないと新しいアイディアはなかなか出てこないでしょう。

そこで、さまざまな角度から物事を見てアイディアを発想するための「ラテラル・シンキング（水平思考）」が必要になってきます。

誤解しないでいただきたいのは、ロジカル・シンキングが不要というわけではないということです。目指すべき姿を設定した後に、現状を正しく把握し、解決策や実行計画を立てていきますが、その時にはロジ

図7 前提への３つの挑戦

３つの挑戦	挑戦するための問いかけ	挑戦に勝てたときの対応
①「必要性」を疑う	やめてはいけないのか？ それなしでは済まされないのか？	やめてしまう
②「行動理由」を疑う	それをする意味があるのか？	意味づけを見直す
③「単独性」を疑う	それ以外のやり方はないのか？	代替案を探す

挑戦する対象

本人の思い込み
噂・伝聞
人（上層部）の意見
（古い）業務ルール・社内カルチャー
業界商習慣
基本原則・法制度

（「前提」と思われているもの）

カル・シンキングが求められます。

ラテラル・シンキングでさまざまな視点で発想し、ロジカル（論理的）に原因を分析し、計画を立て、実行していく――。これがコト系フレームワークの概要です。

では、ラテラル&ロジカル・シンキングのフレームワークをどのように使って「企画＝やるべきこと（何をすべきか）」を定めていくのかを詳しく見ていきましょう。

ラテラル・シンキングでは、「前提を疑う」ことが出発点となります。

具体的には、図7のような「前提への3つの挑戦」というフレームワークを使います。最初に「必要性」を疑い、次に「行動理由」を疑い、最後に「単独性」を疑うというフレームワークです。

このフレームワークは、動くこと（変革）の意義を見出すために欠かせない視点を提供してくれます。前提を疑うことで、その行動（変革）はどうしてもやらなくてはならないことなのかどうかが見えてきます。

たとえば、企業変革では、ヒト・モノ・カネ・時間という経営資源を膨大に投資します。特に時間は取り返しがつきません。貴重な資源を無駄にしないためにも、変えるべき前提とは何かをきちんと見据える視点が必要なのです。

ここでは、「営業の効率化」というテーマを掲げて、前提に挑戦してみましょう。

❶「必要性」を疑う

「営業はやめてはいけないのか？」「営業なしでは済まされないのか？」などといった問いかけで、前提を疑います。これは最も根源的な問いかけです。

たとえば、「効率化を目指すというけれど、営業という業務はそもそもなくてはいけないのか？」という挑戦です。

そのような問いが非現実的といい切れないのは、営業機能を持たないという企業や業態もあるからです。いわば大きなビジネスモデルの変革につながる挑戦です。

もしくは、「営業は効率的でなくてはいけないのか？」というのも変革の必要性への挑戦といえます。「効率的であるべきだ」というのとは別のあるべき姿が浮かんでくる可能性もあります。

そのような挑戦の結果、「営業はなくてもいい」や「効率的でなくてもよい」という結論に達したら（挑戦に勝てたら）、「営業の効率化」に挑む必要性がないということになります。

❷「行動理由」を疑う

❶の挑戦で、「営業という業務はなくてはならない。効率化する」という結論に達した場合にする次の挑戦です。
「意味があるのか？」「この行動の理由となっている前提から逃れられないのか？」などといった問いかけで、前提を疑います。

たとえば、〝営業の効率化〟の結果として目指していることが、〝顧客訪問時間を増やす〟ということであった場合に、「そもそも顧客訪問時間は増やさなくてはいけないのか？」

という挑戦をします。やみくもに訪問時間を増やす施策を検討する前に、「そもそもその行動をとるべきかどうか」を問うのです。

そのような挑戦の結果、「営業の効率化を図ってまで、顧客訪問時間を増やす必要がない」という結論に達したら、「顧客訪問時間を増やすために」と考えていた行動理由（意味づけ）を見直すことになります。つまり、「何のために営業の効率化か？」を再考することになります。

❸「単独性」を疑う

❶の挑戦で「必要性がある」、❷の挑戦で「行動理由が妥当である」という結論になった後は、やり方の単独性を問います。

「ほかのやり方はないのか？」などといった問いかけで、前提を疑うのです。

たとえば、「顧客訪問時間を増やすには、営業の効率化を図るしかないのか？」という挑戦をします。「顧客訪問時間」というと営業部員が足を運んで対面する時間ととらえがちですが、訪問以外のほかのやり方はないのかを問うといった感じです。さまざまな顧客との接点が見えてくる可能性があります。

そのような挑戦の結果、「営業の効率化を図らなくても、顧客訪問時間を増やせる」という結論に達するようなら、結果的に「顧客訪問時間を増やす」ことができる代替案を探し出していることになります。つまり、出てきた代替案と比較し優先順位をつけたうえで、「営業の効率化」をすべきかどうかを判断することになります。

どう変わるのか『SCAMPER』

「どこへ向かって動き、どう変わればいいのか（変革の方向性）」を打ち出す際には柔軟に見方を変えて考える必要がありますが、視点の切り替えは難しいものです。

そのような時に有効なフレームワークが、開発者の名前をとって「オズボーンのチェックリスト」とも呼ばれる「SCAMPER」です（図8）。リストに従って視点を切り替えて発想します。

SCAMPER法は図8のような、リストを構成する視点の頭文字をとったものです。

たとえば、「営業の顧客訪問回数を増やすために何ができるのか」を考える時にSCAMPERを使うと、次のようなアイディアが出てきます。

図8 SCAMPER（オズボーンのチェックリスト）

・Substitute	：代用してみたら？
・Combine	：組み合わせてみたら？
・Adapt	：応用／適用してみたら？
・Modify	：変形／修正してみたら？
・Put	：置き換えてみたら？
・Eliminate	：削除してみたら？
・Rearrange	：再調整してみたら？

リストに従って発想することで、視点を切り替えられる。既存アイディアの改善策・打開策を考えるのに向いている。

●「ルーティンのオーダーをいただいているお客様には、営業アシスタントに代行させてみたら？」（代用）
●「発注をWebで受け付けるシステムを導入してみたら？」（適用）
●「すべての営業が持っている情報を集め、取引頻度の少ない顧客を中心に回るチーム（ラウンダーチーム＝巡回するチーム）をつくってみたら？」（組み合わせ）

このように変革のための打開策や突破口を切り開いていきます。

仮に、業界全体の変革に関わるような大きなテーマを扱う場合は、他業界で起きていることを自社の業界にも適用してみるなど、視点を切り替える幅や範囲を大きくすることで、大胆な変革構想を練ることができます。

どうやって変わるのか『戦略立案フレームワーク』

変革の方向性を検討するのと並行して、問題を分析し、解決策を導き出していきます。ここからは、ロジカル・シンキングのフレームワークの出番です。

変革は思いつきや意気込みだけでは成功しません。環境や現状、活用できる資源を把握し、阻害要因を分析し、解決策を洗い出していくためには、ロジカルに考える必要があります。

ここでは、代表的な4つのフレームワークをご紹介します。

大きな利害関係者の視点で見るための「3C」、環境を見るための「SWOT」、使えるものは何かを把握するための「3M」、そして、阻害要因や解決策を検証していくための「ロジックツリー」です。

なお、企画や戦略立案、アイディア創出の手法については、すでにたくさんの書籍が出ています。巻末で、もっと深く知りたい方向けの参考書籍をご紹介していますので、ご参照ください。

❶ 3C

「3C」とは、「顧客・市場（Customer）」「競合（Competitor）」「自社（Company）」のことです（図9）。これらのなかでも、最も重要なのは「顧客」の視点です。顧客メリットがない変革は自己満足にすぎません。

変革の意義を考える際には、独りよがりあってはいけません。きちんと顧客メリットへつなげることを考えないと、その後、多くの人を巻き込み、団結することが難しくなります。

「顧客のため」という合言葉で一致団結

図9　3C

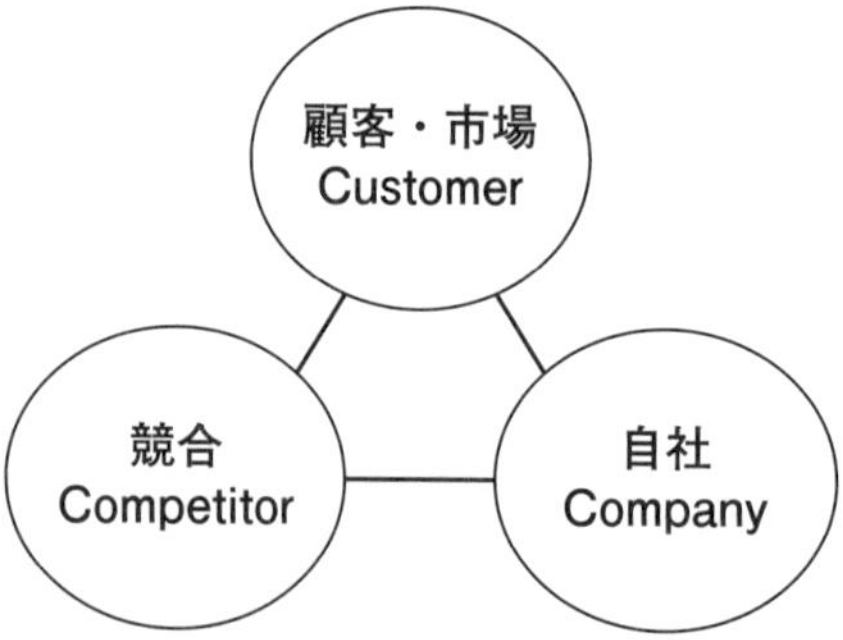

3Cとは、変革の方針を見つけ出すのに欠かせない重要な関係者（視点）のこと。「どの顧客に対して、どう競合と差別化して、自社の優位性を発揮していくか」を検討することで、「どんな変革をするのか」が明らかになってくる。

することが、変革の成功要因の一つともいえるでしょう。ここでいう顧客とは、一般の消費者に限らず、価値を提供しているすべての相手を含みます。企業であれば、取引先なども顧客です。

「どの顧客に対して、どう競合と差別化して、自社の優位性を発揮していくか」という順番で検討しましょう。

❷ SWOT

環境を把握するための「SWOT」は、3Cの「競合との差別化」や「自社の優位性」をより深く分析するフレームワークです（図10）。

変革といっても、まったく異なる何かになろうということではありません。自身の持ち味をまったく無視して理想像を描くのではなく、「変えるべきもの」と「変えずにおくもの」を考えていくべきなのです。

SWOTでは、まず、自社の内部環境を「強み（Strength）」と「弱み（Weakness）」に分け、外部環境を「機会（Opportunity）」と「脅威（Threat）」に分けて書き出します。

そのうえで、自社の優位性を確固としたものとする「積極攻勢策（強み×機会）」や、競合との差別化を図る「差別化策（強み×脅威）」を考えていきます。

また、強み・弱みはあくまで相対的なものですから、固定観念で安易に振り分けていては変革につながりません。そこで、弱みを克服し強みに転化するための「弱点強化策（弱み×機会）」や、弱みが強みの足を引っ張らないようにするための「防衛策（弱み×脅威）」を考えていきます。それらによって、起死回生の変革法が見つかるかもしれません。

❸ 3M

自身の持ち味を考えるにあたり活用

図10 SWOT

	強み（Strength）	弱み（Weakness）
機会（Opportunity）	「積極攻勢」策を考える	「弱点強化」策を考える
脅威（Threat）	「差別化」策を考える	「防衛」策を考える

内部環境である「強み」「弱み」と、外部環境である「機会」「脅威」を組み合せて検討することで、さまざまな変革の方向性を探ることができる。

できるフレームワークが、経営資源の「3M」です。3Mとは、「ヒト（Men）」「モノ（Materials）」「カネ（Money）」のことです（図11）。

経営資源といえば、従来は「ヒト・モノ・カネ」といわれてきましたが、近年では新たに「情報・知識」や「時間」、「顧客や取引先との関係」なども使える資源として考えられるようになりました。

持てるものを分散させずに集中投下することが戦略であり、変革です。ここでしっかりと持ち物を確認して、何をどう活かすかを考えておきます。

図11 3M

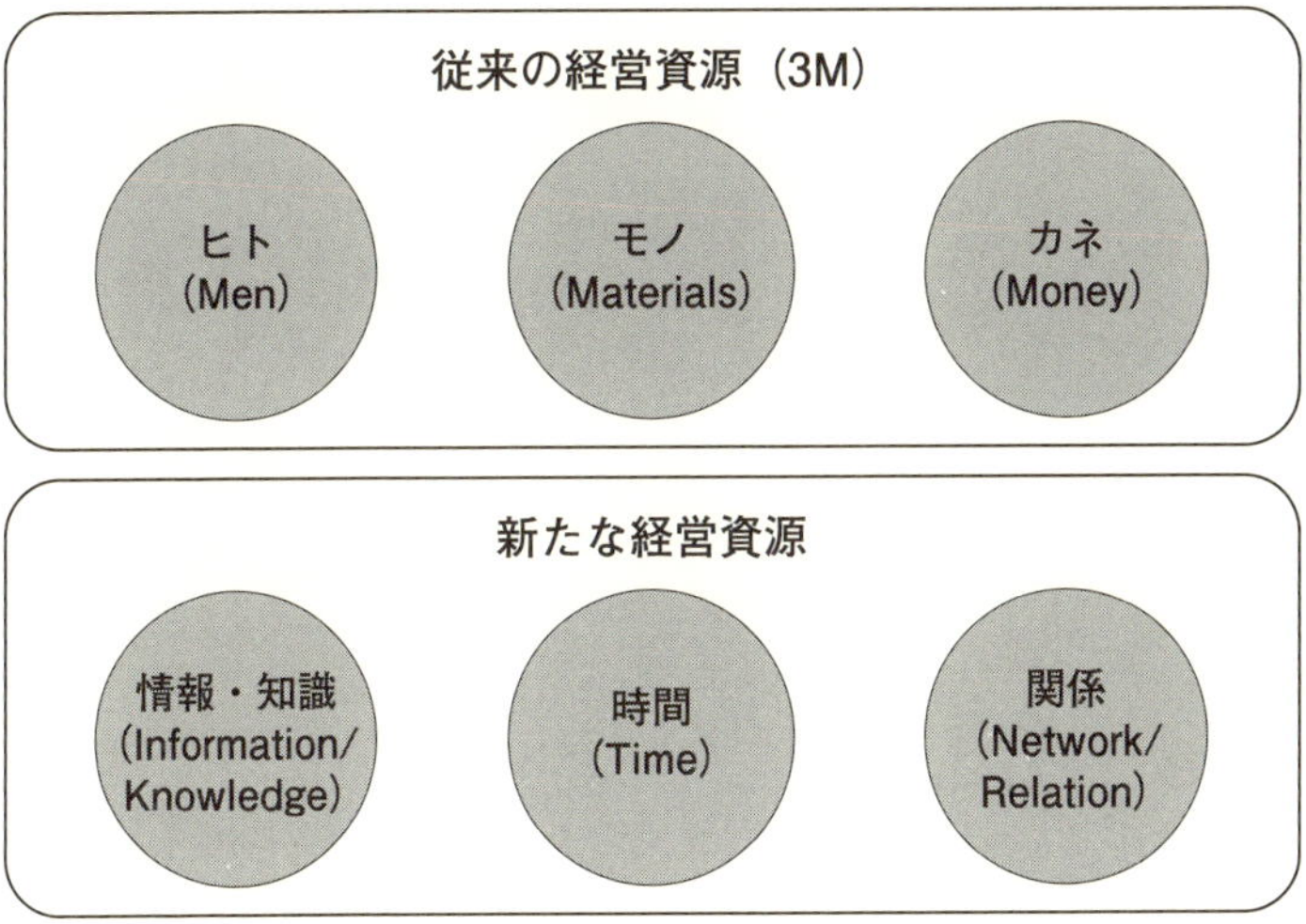

❹ロジックツリー

変革の方向性が見えてきた時に、阻害要因や解決策を導き出すためのフレームワークが「ロジックツリー」です。ロジックツリーには、次の2つがあります（図12）。

①原因分析の「Whyツリー」……「なぜ？」を繰り返し、原因を分解していく

②課題解決の「Howツリー」……「どうやって？」を繰り返して解決策を洗い出していく

図12　ロジックツリー

	原因分析　Whyツリー	課題解決　Howツリー
ツリーの種類	問題を分解し、原因を究明する 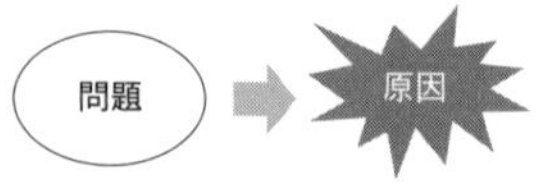	問題の原因から解決策を導き出す 
論理の特徴	Why（なぜ？）を繰り返す	How（どうやって？）を繰り返す
アウトプット	√ 原因と考えられる仮説 √ 検証ができるレベル	√ 解決策の仮説 √ アクションに移せるレベル
例	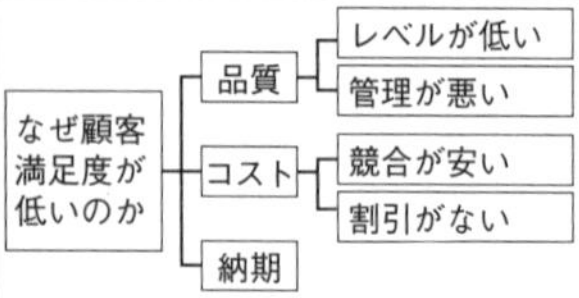	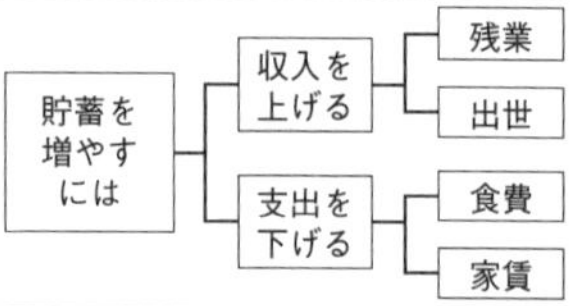

どちらを使う場合も、モレなくダブりなく（MECE：ミッシー）という考え方で、ツリーを分岐して体系的に検証することがポイントです。そうすることで、合理的で納得感のある結論に至ることができます。

第2章 「布陣」——巻き込む人を決める

ヒト系

利害関係者は誰なのか『ステークホルダーマップ』

ここからは、いよいよヒト系フレームワークで、巻き込む人（動いてほしい人）を決めていきます。いわば、変革の「布陣」を敷くわけです。

体制図をつくることも重要ですが、その前に「いったい誰が影響を受ける人なのか」を把握しなければ、変革のリーダーやメンバーを選ぶ時に、ふさわしくない人を選んでしまうかもしれません。

また、変革にはさまざまな抵抗勢力の存在がつきものですが、逆にそれらの人たちを初めから巻き込むことで抵抗を低減することもできます。そういった作戦を練るのにも、ヒト系フレームワークを使うと便利です。

まず、初めにご紹介するのは、「ステークホルダーマップ」です（図13）。ステークホルダーとは、日本語でいうと「利害関係者」のこと。文字通り、利益を受ける人も、害を受ける人も含めて、変革から影響を受ける人たちのことです。

ステージ1の冒頭でも書きましたが、ステークホルダーマップは「人を動かすフレームワーク」の要であり、変革の羅針盤であるともいえます。

ステークホルダーマップは縦軸に「変革への影響力」を、横軸に「変革

図13 ステークホルダーマップ

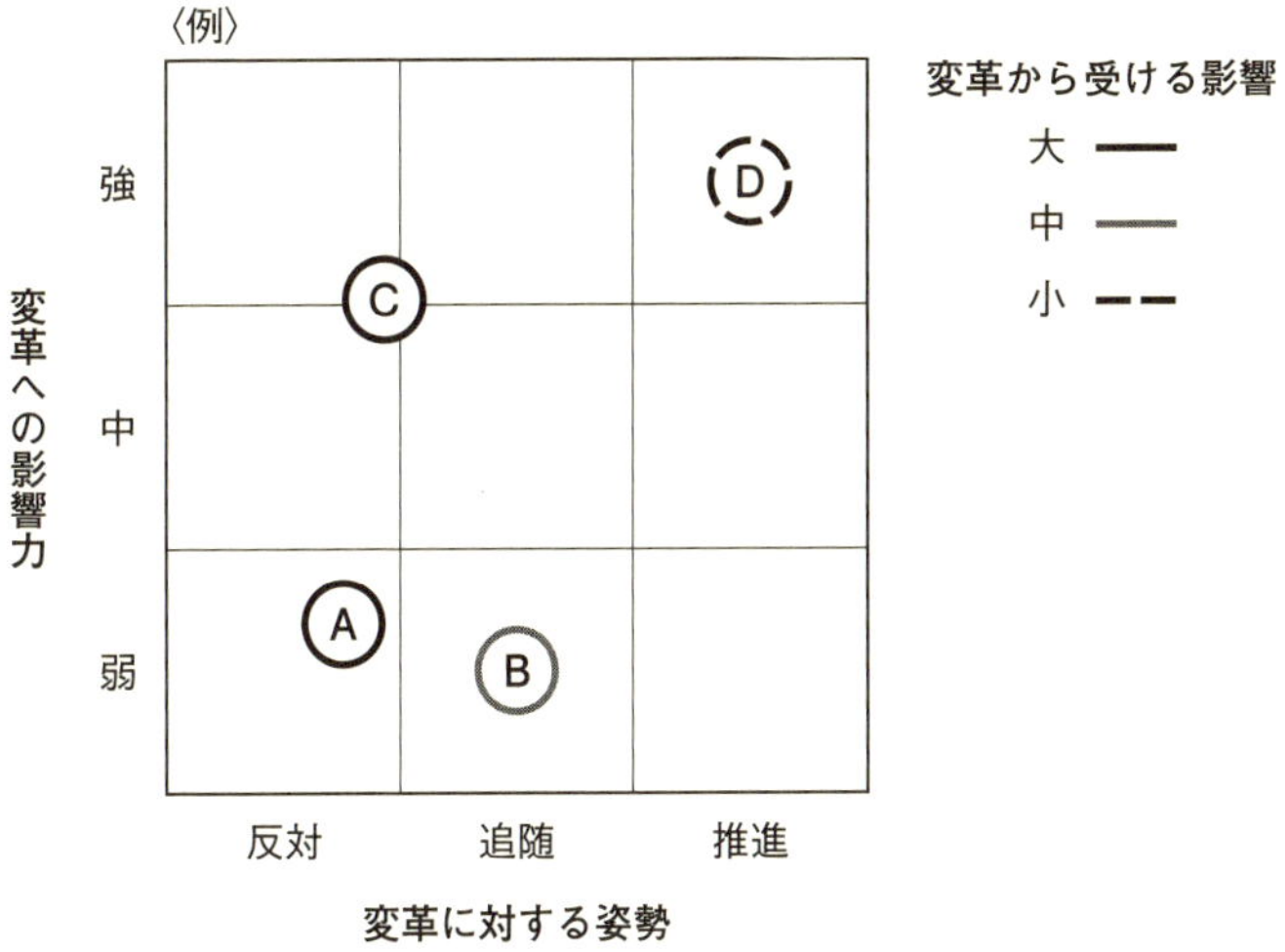

に対する姿勢」を、それぞれ2〜3段階で設定し、利害関係者をマッピングしていきます。こうすることで、利害関係者の全体像とパワーバランスが把握でき、「誰にどんな対応をすべきか」を検討していく地図ができあがります。

ステークホルダーマップを使って検討するポイントは、次の7点です。

❶ 誰が利害関係者なのか？

そもそも論ですが、利害関係者が特定できていないと、「思わぬ抵抗にあう」という事態に陥りやすくなります。

変革の内容によっては、「メンバーの家族」なども利害関係者として入ってくることがあります。実際に私が経験したケースでも、家族から「子供が生まれたばかりで出張は困る」という反対にあったり、「クライアントが実家の競合にあたるので、参加を見合わせたい」という理由でメンバーが変革プロジェクトを離脱したりということが過去にありました。

まずは、75ページで紹介している「ステークホルダータイプ」も参照しながら、関係があると思われる人を徹底的に洗い出してください。

そのうえでマップ上にプロット（配置）すべき人を検討していきますが、コト系フレームワークを使った「企画」で、変革の方向性が明確になっていないと、ここでプロットすべき人も定まらないということが起きてきます。

ただし、最初からすべてがはっきりとわかっているということはまずありません。現実には、新たに巻き込んだ利害関係者にも「企画」に参加してもらいながら、変革などのプロジェクトを進めていくことになると考えたほうがいいでしょう。

❷利害関係者の影響力は？

洗い出した関係者の「変革への影響力」（ステークホルダーマップの縦軸）がどれくらいかを考えます。

組織図上の役職や地位が高ければ、そのまま影響力が強いわけではありません。ここで考えるのは、あくまでも「これから行おうとしていること（たとえば、変革）」に対しての実質的な影響力の強さです。

現場のベテラン社員のなかには、たとえ役職についていなくても、その人が「NO」といえば他の人も動かなくなるという影響力を持つ人がいる可能性がありますし、社外のマスコミなどが大きな影響力を持ちえる場合もありえます。

影響力の強さを考える際には、変革そのものを頓挫させてしまうほどのレベルなのか、無視しても問題ないレベルなのかというような発想をするとよいでしょう。

影響力が大きいにもかかわらず反対派の人は、支援者になってもらうようコミュニケーションをとることも大切ですが、どうしても無理な場合には、さらに影響力が強い人を巻き込んで、相対的にその人の影響力を小さくするということも考えるとよいでしょう。

影響力はあくまでも相対的なパワーですので、利害関係者間のパワーバラ

図14 ステークホルダーマップの活用例

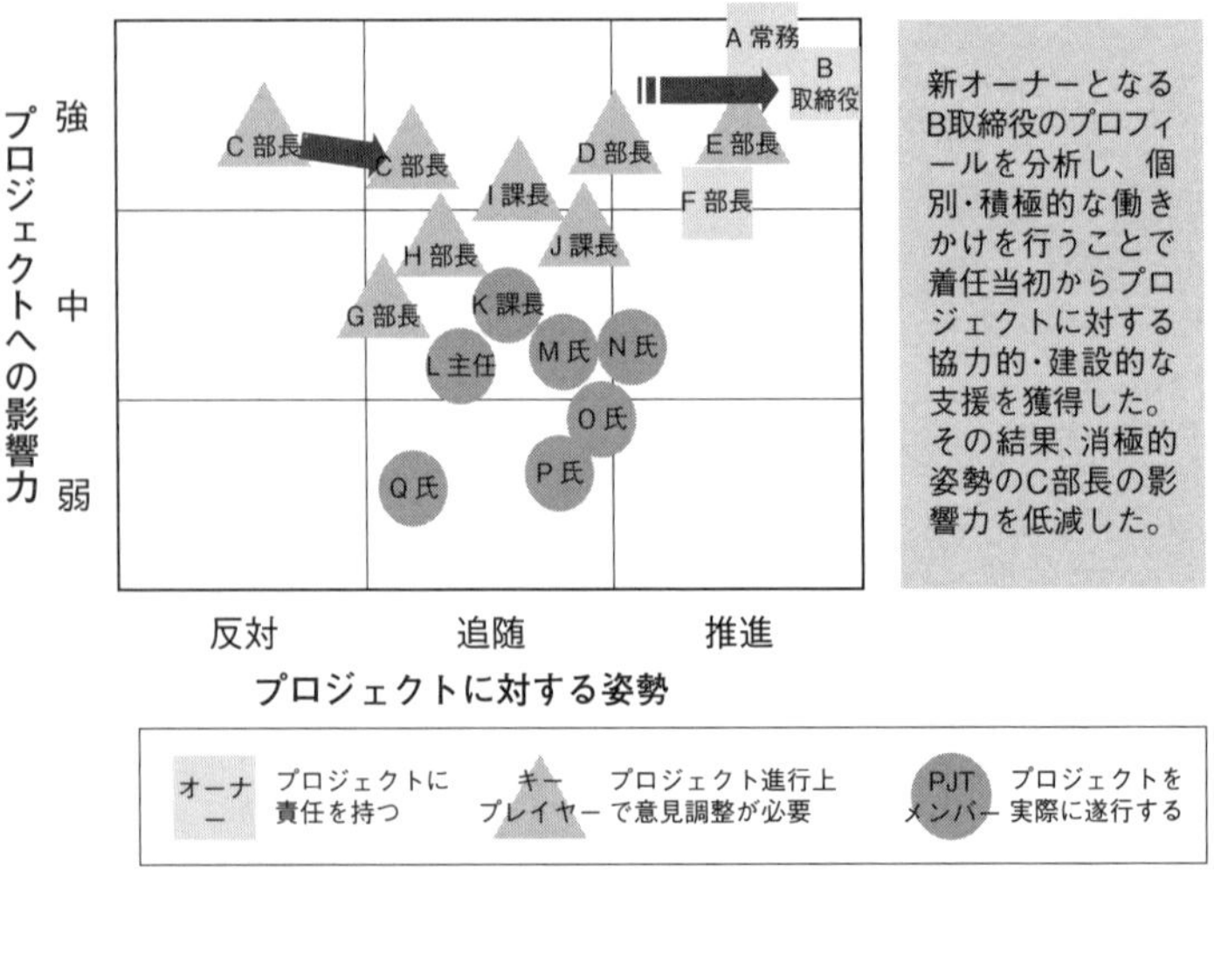

ンスを考えてコミュニケーションをすることで、変革への影響力のコントロールを試みるのです。

たとえば、図14を見てください。これはステークホルダーマップ活用例ですが、このケースでは、当初、C部長を「推進」派にするべくコミュニケーションをしていました。しかし、C部長の「反対」の姿勢はなかなか変わりませんでした。そこで、新しいオーナー（責任者）として着任したB取締役に積極的に働きかけることで、強力な「推進」派になってもらいました。その結果、C部長の影響力も「反対」から「追随」へと相対的に低減したということを表しています。

❸ 支援者は誰で、反対者は誰か？

ステークホルダーマップの横軸「変革への姿勢」を考えます。支援者と反対者を見極めるためですが、姿勢は時とともに変わるものだということに気をつけなくてはなりません。

初めは賛成していた人が、変革の全貌《ぜんぼう》が明らかになり、実行が進んでいくにつれて、「そういうことだとは思っていなかった」などと反対に回る可能性もあります。逆に、当初は傍観者だった人が強い推進者になることもあります。

現時点ではどんな姿勢で、今後どんな姿勢になってほしいのかを考えましょう。

ここまで作業を進めると、❷の「利害関係者の影響力」と合わせて、それぞれの人を配置する位置が決まります。

❹ 変革から受ける影響の度合いは?

次に、各関係者が変革から受ける影響をプラス・マイナス両面で考えます。特に、明らかにマイナスの影響を大きく受ける人への対応はしっかりと考える必要があります。

変革から受ける影響は、関係者本人がすぐに思いつくものもあれば、気づいていないものもあります。たとえば、「自分の仕事がなくなってしまうのでは」と悪い影響ばかりが気になっている人に対して、スキルの向上やキャリアアップの機会などのよい影響があるならば、そのことを正確に伝えるべきです。

また、変革への影響力が大きいにもかかわらず、変革から受ける影響が小さい人のなかには、変革に対して他人事になる人もいます。そのような人には、変革を自分事として認識してもらうために、推進リーダーなど重要な役回りについてもらうことを検討するとよいでしょう。

ここでは、相手（利害関係者）の立場を慮《おもんぱか》る力が求められますが、自信がない時は、相手の立場に近い人や同じような経験をしていると思われる人に、「こういうことが起きたら、あの人たちはどんなふうに考えるか」ということをインフォーマルに聞いてみるといいでしょう。たとえば、「Aさんは異動前に同様の経験をしていて、あまりよい印象を持たないだろう……」などといった把握していない事実が出てくるかもしれません。

❺ 各利害関係者は何を重視しているのか？

仕事に対して「こうあるべき」と強いポリシーを持っている人もいれば、ポジションや報酬にこだわる人、自分の時間が大切で仕事が忙しくなるのは嫌だと考える人もいます。また、名誉・体面や特定の相手との勝ち負け、手柄など、実質的な内容以外のところにこだわりのある人もいます。

各関係者が重要視するものがわかっていないと、体制の組み方やコミュニケーションの内容、順番などの対応を誤って、気がつかないうちに不興を買ってしまうかもしれません。そうなると、後々のトラブルの原因になったり、足をすくわれたりという事態が起こりえます。

本音と建前が異なることもありますので、情報収集力、人間観察力に磨きをかける必要があります。

❻その利害関係者の協力を得る必要があるのかないのか？

巻き込むべきか、放っておくべきか、反対に回らないようケアだけはしておくべきかという対応方針を考えていきます。協力者が多いほうがよいと考えがちですが、あまりにも多すぎても、「船頭多くして船山に登る」というようなことになりかねません。または、調整にばかり時間をとられて、肝心の変革プロジェクトそのものが進まないということになってしまうかもしれません。

変革は「企《くわだ》て」です。同じ志を持つ同志でなければ成し遂げられません。やみくもに「お声がけ」していてもうまくいかないのです。

❼最も重要な利害関係者は誰か？

変革が進むに連れて、さまざまな意思決定がなされていきますが、その時に重要なのは

「どこを向いて仕事をするのか」ということです。意思決定に関わるすべての利害関係者を満足させ続けることはできないからです。

その時に必要なのが、「最優先すべき利害関係者は誰か」という認識を変革に関わる人たち全員で一つにしておくことです。

たとえば、企業統合プロジェクトなどは非常に短期間で、ことが進みます。想像以上のスピードで物事が進んでいく時に、当然どこかに無理が生じます。その時に「お客様がとにかく優先。統合初日、お客様にはこれまでと変わらないサービスを提供する」ということを決めておくのです。

お客様という利害関係者が最優先だなんて当たり前のように思われるかもしれませんが、いつもそう進むとは限りません。社内の重要人物の顔色をうかがったり、合意形成や最適解を求めすぎたりすることで、重要な利害関係者を置き去りにしているといったことにならないよう注意が必要です。

重要な関係者を特定したら、逆にとりたててケアしなくてもいい関係者も特定します。調整ばかりでは、変革は進みません。八方美人になるために、利害関係者を洗い出しているのではないことを認識しましょう。最悪、支援を得られない人がいても仕方ないと割り切ることも必要です。

なお、ステークホルダーマップのメインの軸となる「変革への影響力」と「変革に対する姿勢」のほかにも、第3、第4の軸をマッピングする際の記号を形や色で表すことで、より複合的な分析ができます。

たとえば、図14のステークホルダーマップの活用例では、第3の軸として「変革におけるプレイヤータイプ」を加え、□△○という形で「プロジェクトオーナー」「キープレイヤー」「プロジェクトメンバー」を見分けられるようにし、最優先すべき利害関係者の姿勢や動向を分析しやすくしています。

また、変革が進むに連れて、変革から影響を受ける人が次第に増えてきますが、そのような場合、図13のように「変革から受ける影響」を第3の軸として示し、大きな影響を受ける人の変革への姿勢を注視するようにするとよいでしょう。

どんな利害関係者がいるのか『ステークホルダータイプ』

ステークホルダーマップで利害関係者を分析する際には、「強い影響力を持つステークホルダーのタイプ」を知っておくと有効です。強い影響力を持つステークホルダーとは、重点的にコミュニケーションをとるべき人のことです（図15）。

これはいわゆるフレームワークとは異なりますが、ぜひ覚えておいてください。

❶アイコン

「アイコン」とは、その組織や仕事の価値観を体現している象徴的な人物です。たとえば、技術系の企業では、高度な技術者などがそれにあたりますし、カリスマと呼ばれている人や、ヘッドハントされそうな人といってもよいでしょう。仕事に対して一家言を持っていると、周囲が認めている人です。

このような人物がなぜ重要かというと、変革の影響を受ける側の人の多くは、変革の影響がよいものなのかどうかを、象徴的存在である人の意見やスタンスを参考にして判断しがちだからです。

仮にこの象徴的人物が反対派に回った場合、内部の人は、「あの人が愛想を尽かすようなら、ここに残っていてもよいことはなさそうだ」と考え、外部の人は「あの人が反対っていうならこの変革は失敗するかもね」という印象を持つ可能性が高いのです。

そのような一挙手一投足をみんなが見ているような象徴的存在については、変革の意義を伝えるだけでは不十分です。その人の意見を尊重したうえで、「積極的支持」か、「いざという時には協力」か、もしくは「反対を唱えず静観」など、どんな姿勢をとってもらうかを決め、確約をとりましょう。

また、象徴的人物が変革の意義に対して真っ向から反対している場合には、「過去を象徴する存在」としてあえて更迭するという対応もありえます。こういった手段は非常に高いリスクをともないますので、安易に用いるべきではありません。しかし、そうすることで、周囲に対して変革の意味を伝えることができます。多くの人は人事から大きなメッセージを読み取るからです。

図 15　ステークホルダータイプ

アイコン	インフルエンサー	ネットワーカー
価値観や組織文化の象徴である人	組織への影響力が強い人	組織内で起きていることがわかる人
		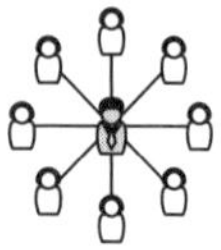

❷ インフルエンサー

同じことを話していても、相手に響く人とそうでない人がいます。「インフルエンサー」とは、組織や集団の温度を変えられる人であり、組織や集団に対して響く言葉で話ができる人といってもいいでしょう。もちろん、役職や専門性の高さとは必ずしも一致しません。

そのようなインフルエンサーには、積極的な支援者になってもらう必要があります。

たとえば、変革プロジェクトでは、「エバンジェリスト（伝道師）」と呼ばれる人を各組織から選出し、その人たちから変革の重要なポイントを組織に伝播《でんぱ》していくという方法をとることがありますが、このエバンジェリストにインフルエンサーのような人がなった組織とそうでない組織では、変革の広がり方に大きな違いが出てきます。

しかし、なかには、変革に対して斜に構えているような人がインフルエンサーである場合もあります。斜に構えるというと一見反対派のように思いがちですが、斜に構えるという態度が熱い思いや問題意識を持っていることの表れであるケースもじつは多いのです。

安易に反対派として扱わずに、味方に引き入れるコミュケーションをとりましょう。

反対派と思われたインフルエンサーが味方になれば、想像以上の影響力を発揮してくれるはずです。

❸ネットワーカー

「ネットワーカー」とは、組織・集団内で顔が広く事情通で、みんなが何を考えてどういう行動をしているのかを把握できる人です。本音ベースの話を聞き出せたり、裏事情に通じていたりします。

変革をリードする立場にいたとしても、すべての関係者の感情を把握するのはとても難しいことです。変革のリーダーに対して心を閉ざす人もいれば、表面上は賛成派でも実際には足を引っ張るような行動をとる人もいます。

ネットワーカーに対しては、「巻き込んでおくべき人は誰か？」「こういうことをしようとしたらどんな反応が起こりそうか？」「今、誰が満足していて、誰が不満を持っているか？」などといったことを頻繁に聞くとよいでしょう。

あまり表立ってやるとスパイのように思われてしまいますが、会議や説明会などの後に、参加者が廊下や休憩室でどんな会話をしていたのかを教えてもらうのです。一人に頼ると見方や情報が偏る可能性もあるため、複数の人をネットワーカーとして決めて情報収集するとよいでしょう。

どうやって巻き込むか『マンツーマングリッド』

利害関係者を洗出し、優先順位を決めたら、図16のような「マンツーマングリッド」を使って、「どうやって巻き込んでいくのか」というステークホルダーコミュニケーションのための計画を決めていきます。

ここでは、その際のポイントをご説明します。

❶担当者を決める

まず、各利害関係者に対して、マンツーマンで担当者を決めます。担当者を決めておかないと、利害関係者がどんな状態にあるのかがいつの間にかわからなくなってしまうからです。

私がリードしたプロジェクトでは念には念を入れて、メイン担当者とサブ担当者を決めていました。メイン担当者が対応し忘れていたり、表面的な情報しかとれなかったりした場合は、サブ担当者の出番です。

サブ担当者は必ずしも相手と役職レベルなどを合わせる必要はありません。たとえば、相手の役職が高くても若手に対して本音で話してくれる人ならば、若手のほうが有益な情報をとれる可能性が高くなります。

重要なのは、利害関係者の考え方や感情の変化を見逃さないことです。担当を決め、継続的に見ていくことで、変化がわかりやすくなるだけでなく、担当者に責任感が生まれ、利害関係者に対する思いが強まったり、問題解決

図16 マンツーマングリッド

〈例〉

対象者	影響力	姿勢	懸念事項	主担当	副担当	頻度	関連情報収集方法
A 常務	大	推進	スピード感。来期前半には成果を上げたい	山田	鈴木	・報告会 ・事前打合せ ・懇親会	エグゼクティブブログ、講演、日経記事
B 取締役	大	ペンディング	着任早々でスタンスを検討中	鈴木	清水	・報告会 ・事例共有会 ・懇親会	エグゼクティブレター、日経記事、インタビュー
C 部長	中	反対	表向きは追従だが、ネガティブな発言が目立つ	清水	山田	・定例会 ・勉強会 ・懇親会	社内 SNS、リフレッシュルーム、D 主任
D 主任	中	推進	ネットワーカー。社内事情に詳しい	鈴木	佐藤	・定例会 ・週 2-3 回	リフレッシュルーム、メール、チャット
E 事業部 F 業務担当者	小	追従	過去の業務改善の失敗が尾を引いており、消極的	佐藤	鈴木	・説明会 ・個別フォロー ・勉強会	D 主任 社内 SNS

がより具体的になるという効果も期待できます。

❷ コミュニケーション頻度を決める

報告会や定例会などのフォーマルな会議や懇親会など、利害関係者にどれくらいの頻度でコミュニケーションをとるのかを計画します。意識しておかないとつい疎遠になり、その間に感情が変わってしまっていることもありますので、できるだけ定期的にコミュニケーションをとるようにします。

心理学的な話になりますが、人はコミュニケーションしている時間に応じて好意を持つ確率が高まるという統計もあります。反対派の人には、偶然を装って廊下で声をかけるなど、あえてコミュニケーション頻度が多めになるよう心がけるというのも一つのコツです。

❸ 関連情報の収集方法を決める

フォーマルな会議だけでは、本音や変化がつかみにくいため、各利害関係者の情報や変化を読み取るための情報収集方法を決めておきます。

情報収集方法としては、新聞・雑誌記事、SNS（Social Networking Service／インターネット上で交流するためのサービス）、ブログなどの公開情報に注目するだけでなく、アンケート調査を行ったり、ネットワーカー経由で本音を聞き出したりするなど、情報の種類を問わず収集することを考えてください。

あえて「関連情報」としたのは、必ずしも変革に関する情報だけに限定せずに、その人や組織に関連する情報全般をカバーしたほうがよいからです。利害関係者の根底に流れる感情が何によって変化するのかを考えるうえでも、その人を取り巻く関連情報がたくさんあったほうが、より理解が進みやすくなります。

❹ 中核メンバー全員で情報を共有する

ステークホルダーコミュニケーションでは、マンツーマングリッドで決められた各ステークホルダーの担当者が、決められた頻度や関連情報の収集を意識しながらコミュニケーションをとります。そして、担当者が得た情報は、できるだけ変革に携わる中核メンバー全員で共有し、その情報をもとにステークホルダーマップを更新していきます。

ステークホルダーマップで利害関係者全体を俯瞰《ふかん》したうえで、適切なコミュニケーションをとり、その結果を共有して、さらにステークホルダーマップを変革の成功に向けて変化させていくのです。

このステークホルダー管理は、リーダーが一人でこっそりとやるのではなく、中核メンバー全員で行うところがポイントです。全員で情報を出し合い、多面的な見方をしつつ、同じ認識を持ったほうがよいからです。

ただし、一点注意していただきたいのは、この情報を中核メンバー限定で極秘で扱うことです。これらが流出して利害関係者の目に触れてしまったら……と想像するだけで恐ろしいですよね？

ステークホルダーマップに関する資料やデータベースに対しては、「厳重にパスワードをかける」「紙に印刷したものを持ち歩かない」「パソコンで開きっぱなしにしない」などのルールを決めておきましょう。ステークホルダーマップなどの情報が流出し、それらを目にした利害関係者が気分を害してしまい、変革が頓挫してしまったら本末転倒です。

Stage 2

「計画」&「組閣」

イントロダクション2
「実行する計画」と「動くチーム」をつくる

ステージ2のポイント

ステージ2では、コト系フレームワークで変革を「計画」し、ヒト系フレームワークで「組閣」するところまでを説明していきます。

「計画」では、ステージ1の「企画」で検討した「変革の大きな方向性」に基づき、「目標（何を達成するのか）」を定め、具体的な計画をつくっていきます。

大筋では異論がなくても、いざどこまでやるのかという段階になってくると、意見の食い違いも出てきます。目標と優先順位をはっきりさせることで、変革の実現可能性を高めていくのです。

一方の「組閣」では、ステージ1の「布陣」で検討したメンバーが活躍するための舞台を整えます。一人ひとりがどんなキャラクターなのかを見極め、チームの結束を高めるのです。ここでご紹介するヒト系フレームワークを活用することで、さまざまな困難に立ち向かえる最強のチームづくりがより早く確実にできるようになります。
また、誰が何をするか（組閣）は、「計画」の重要な一部です。計画をいわゆる「絵に描いた餅」にしないためにも、ヒト系のフレームワークを上手に使っていきましょう。

※

それでは、ステージ2の解説に入っていく前に、「鈴木さんの挑戦」をお楽しみください。

Story

「鈴木さんの挑戦」

プロジェクト体制を発表する日が近づき、実行リーダーを任された鈴木和子さんが誰をメンバーとして迎えるかを、体制図に名前を書き込みながら考えています。

素直な性格で、学生時代から多くの友人に囲まれていた鈴木さんは、就職してからもどんな相手からも親しみを持たれ、上司や先輩からは「ワコちゃん」、後輩からは「ワコさん」と呼ばれています。「えーっと、以前一緒に仕事した平山さん、それから……」などとひと通り名前を書き込んでいっています。

今回のプロジェクトの実行リーダーに選ばれると、みんな口々に「がんばれよ！」「何か困ったことがあったらいってね」と応援してくれたので、徐々にリーダーとしての自覚とやる気が芽生えてきたようです。

「できた！」と元気のよい声をあげた鈴木さんは、プリントアウトした体制図を手に千田さんの席に向かいました。

鈴木「千田さん、体制図の案をつくったので見てもらえますか？」

千田「どれどれ……。ふーん、これって、君が普段よく接している人が多くない？」

鈴木「やっぱり気心が知れている人のほうがやりやすいと思うんですよね。だめですか？」

千田「プロジェクトは仲良し友達で進めるものではないんだよ。特に今回は部門横断的な変革なんだから、いろんな立場や考え方の人に参画してもらわないとね。たとえば、加山さんとかはどう？」

鈴木「え～っ、加山さん……。あの人いつも後ろ向きなことばっかりいってますよね。どうも好きになれないというか、チームの和が乱れそうな気がするんですけど」

千田「最終的には、君がリーダーとして進めやすい体制にするべきだけど、どんな役割が必要かはしっかりと意識して決めてね」

※

もともと素直な性格な鈴木さん。千田さんのアドバイスを聞き入れて、加山さんにもメンバーに入ってもらうことにしたようです。

体制が固まり、いよいよキックオフ・ミーティングの日になりました。

鈴木「このプロジェクトは、私たちの事業部の将来にとって非常に重要な位置づけだと認識しています。皆さんのような信頼できる方々にメンバーに加わっていただき、本当に心強く思っています。大変なこともあるかと思いますが、お互い助けあって楽しく進めていきたいと思っていますので、どうぞよろしくお願いします！」

リーダーとしての所信表明を終え、各メンバーの自己紹介を終えると、和気あいあいとキックオフ・ミーティングは終了しました。

終了後の懇親会では、最年少メンバーの平山さんの「なんだか楽しいメンバーが多くてワクワクします」という一言を聞いて、鈴木さんも「このメンバーにしてよかった」と安《あん》堵《ど》し、「明日からの忙しい日々もこれなら大丈夫」と確信を深めた様子です。

その翌日から、キックオフ・ミーティングのかいもあって打ち解けた雰囲気のプロジェクトメンバーは、さっそく仕事に取りかかりました。

それぞれが任された作業に前向きに取り組む姿勢を示し、あっという間に数週間が過ぎていきました。ただ、加山さんだけは当初の鈴木さんの懸念通り、せっかくの和やかな空気を乱すような発言をしています。そのことが鈴木さんにとっての悩みといえば悩みでしたが、そのほかには特に大きな問題もなく、順調に進んでいるように見えたのですが……。

※

開始から数週間経った進《しん》捗《ちょく》確認ミーティングでの出来事です。

1週間ごとに進捗確認ミーティングを行っていたにもかかわらず、平山さんが担当する作業に2週間近い遅れがあることが判明してしまったのです。その報告を聞いた鈴木さんは、内心の動揺を隠せずにいます。

鈴木「えっ！　理由はなんなの？」

青木「ちょっと進め方の認識が違っていたみたいで……。気がついたらだいぶお互いに進めた後だったので、手戻りが大きくなってしまいました」

青木さんは、平山さんと一緒にその作業を進めていたパートナーです。その発言を聞いた平山さんが、少しむっとした表情で声をあげました。

平山「でもそれは……」

鈴木「まあまあ。初めてのことだから仕方ないわよ。2人ともこの後は大丈夫よね？　大丈夫、大丈夫、来週までには挽回《ばんかい》しましょう！」

鈴木さんは、なんとかその場をとりなし、チームの明るい雰囲気を保とうと必死です。

すると、まだ何かをいいたそうにしていた加山さんでしたが、そんな鈴木さんの様子を見て、話すのをあきらめてしまいました。

※

鈴木さんの楽観的な予想も虚《むな》しく、翌週の進捗確認ミーティングでは、ほかの作業にも遅延やトラブルが目立ち始めました。

鈴木さんだけが「どうしたのよ、いったい……再来週は事業部長への中間報告会なのに……」と焦っていますが、みんなは下を向いたり、目配せをしたりしつつ、黙ったままです。あれこれと文句をいっていた加山さんまでが口を閉ざして、仏頂面です。

ひと通り、対応策を指示してミーティングを解散しましたが、なんとも不安な鈴木さんは、その足で千田さんに相談に行くことにしました。

鈴木「千田さん、なんだか進捗がよくなくて、チームのみんながお互い協力して進めてくれないんです。何がいけないんでしょうか？」

千田「始まった時はあんなに仲良さそうだったじゃない？」

鈴木「そうなんです。ずっと和気あいあいと進むよう、私も喧嘩《けんか》しそうになったら仲裁したりしてがんばってきたんですが……」

千田「それがいけなかったんだよ」

鈴木「えっ！ なんでですか？ だって、みんなが非難し合ったりいがみ合ったりしたら、よいパフォーマンスが出ないじゃないですか？」

千田「パフォーマンスの高いチームになるためには、前向きな衝突も必要なんだよ。チームの成長には段階があるんだ。チームが形成されたら、お互いの価値観や進め方などをぶつける混乱期があって、統一され、機能的に動けるようになるんだよ」

鈴木「その混乱期っていうのは避けられないんですか？ そういうの苦手なんです」

千田「どんなチームでも必ず避けられない。でも、その混乱期に早く前向きな衝突をさせることで、結束が高まって、よいパフォーマンスが出せるようになるんだよ。君は混乱が嫌で、衝突を避けてきたね。そのツケが今、進捗に表れているってわけ」

鈴木「そっか……私、加山さんが何かいおうとする度に、衝突が起こると思って止めてた。せっかく、千田さんのアドバイスで参画してもらったのに……。でも、そういうのって、みんなが知っておくといいですよね。私のほかにも、衝突を避けたくて遠慮する人ってたくさんいると思うんです」

千田「その通りだね。じゃあ、さっそく君のチームだけでも、チームの4段階を共有して話し合ってみたら？　みんなもともとやる気のあるメンバーだから、すぐに理解して動いてくれると思うよ」

鈴木「ほかにも知っておいたほうがいいことってありますか？　コミュニケーションには自信があったのに、今回のことではほんと懲りたので、いろいろ勉強してすぐに実践してみたいんです」

千田「さすが、素直なワコちゃん。きっといいリーダーになるよ。まず、チームメンバーがどんな行動特性かを知るためには、ハーマンモデルというのがあってね。チームの役割を考えるには――」

その後も、千田さんの講義は数時間にわたって続いたのでした。

※

翌朝、千田さんのアドバイスをしっかりと受け止めた鈴木さんは、勇気をふりしぼって緊急ミーティングを招集しました。

鈴木「昨日の進捗確認ミーティングで、私たちはまだ価値観や方向性、進め方について心から納得していないと気がつきました。これまで加山さんがいろいろと大切な指摘をしてくれたのに、対応できてなくてごめんなさい。みんなもいろいろと思うところがあったよね。

今日はきちんというべきことをいい合って、混乱期を乗り越えて一つのチームになる一歩を踏み出したいと思っています」

その言葉を聞いて、仏頂面が続いていた加山さんの目がキラリと光ったのを、鈴木さんは見逃しませんでした。そして、メンバーの行動特性に合わせた役割をお願いしようと決めていた鈴木さんは、言葉を続けます。

鈴木「いつもは私が一方的に話を進めてしまっていました。ですが、今日からは少しやり方を変えたいと思います。進行役は平山さんに、書記は青木さんにお願いをしたいんだけど、引き受けてもらえるかしら？」

そう問いかけた後、鈴木さんが少し間をあけ、平山さんと青木さんの顔を交互に見つめていると、最初はちょっと戸惑っていた2人でしたが、お互いの顔を見てうなずきました。それを見た鈴木さんが、2人の背中を押します。

鈴木「じゃあ、タイムマシンに乗ったつもりで、2年後の姿から考えてみましょう。平山さん、進めてくれる？」

進め方を確認しながらおずおずという感じで進行し始めた平山さんでしたが、次第に慣れてくると、メンバーたちの発言にも徐々に熱がこもり始め、議論が盛り上がってきました。加山さんが「反対！　私はむしろ違う考えです。外してはいけないのは……」などと話し始めても、鈴木さんが以前のように話を止めるようなことは決してなく、むしろ、平山さんの反応を伺うような視線にうなずき返しながら、発言を促しています。

鈴木さんは、昨日千田さんから「このチームならぶつかり合ってもまとまることができると信じろ」といわれ、覚悟を決めていたのです。

そのかいあり、チームの議論は遅くまで続きました。その後も、誰からともなく誘い合って飲み会が行われることになり、本音トークが炸裂《さくれつ》しつつも大いに盛り上がり、鈴木さんは固いチームの絆の芽生えを感じることができたのでした。

※

そうしてメンバーの奮起に助けられた鈴木さんは、中間報告会を無事に乗り切りました。事業部長や稲森部長たちの反応もよく、激励の言葉をもらうことができたのです。

千田さんも加わった中間報告会の打ち上げでは、鈴木さんは涙ぐみながら、こんな乾杯のあいさつをしました。

鈴木「みんなとこの仕事ができて、本当に私は嬉しいです。至らないリーダーを支えてくれて、本当にありがとう！　私たちのこの熱い思いが、事業部全体に広がっていったら成功間違いなしだと、確信しました！」

その様子を見ていた千田さんは、鈴木さんの成長を喜びつつも、「そうだな。このチームの志がきちんと事業部内に伝わるかどうかにかかっているんだよな。森口くん、そこのところをちゃんと認識してるといいんだけど……」と独り言をいいつつ、乾杯のビールを飲み干しました。

第3章 「計画」――目標を決め、計画を立てる

コト系

変革後の姿から今すべきことを考える『タイムマシン法』

理想とする変革後の姿を描き、そこから逆算して、今何をすべきかを考えるのが「タイムマシン法」です。変革後の姿だけでなく、そこに至る途中の姿も含め、未来の姿を具体的に描き、そうなるために何をすべきかを洗い出して、具体的な目標に落とし込んでいく手がかりを得ます。

このやり方は、スウェーデンの環境NGO（非政府組織）である「ナチュラル・ステップ」の創始者であるカール・ロベール氏が提唱した「バックキャスティング」という考え方に基づいています。

バックキャスティングとは、初めに「こうありたい未来（こうあるべき未来）」――つまり変革後の姿――を決めて、それを実現するために今なすべきことを分析し、実行するという考え方で、地球温暖化などの議論の場で活用されています。

一方で、バックキャスティングとは逆に、現在起きているさまざまな事象の延長線上に未来があると考える方法を「フォアキャスティング」といいます。そのような考え方は、変革プロジェクトのように抜本的な変化を起こさなくてはならない場合には不向きでしょう。

私たち人間は、ともすれば目の前のことにとらわれがちだからこそ、タイムマシン法のようなフレームワークが力を発揮するのです。

タイムマシン法では、まず、図17のように期間を区切った枠を用意します。この時、今に近づくにつれて期間が半分ずつになっていくように枠を並べていきます。

たとえば、4年後の変革達成を目指すのであれば、4年後（変革後）の姿を書く枠を右端に置き、その隣に4年の半分の2年後、さらにその横に2年の半分の1年後というようになります。さらに必要であれば、1年の半分の半年後、その半分の3ヶ月後などと、どんどん現在に近づけながら枠を増やしていきます。

図17 タイムマシン法

〈例〉

半年後（N/4年後）	1年後（N/2年後）	2年後（N年後）
市場テストが完了し、よい結果が出ている	テスト導入地域での口コミによって速い初速で市場展開がスタートしている	競合の追随を許さないカテゴリーNo1と認知されている
コスト採算性の目処が立っている	一部の地域で営業利益が出ている	全社中、最高益事業になっている
組織が結束し、1年後の事業開始に向けて一丸となっている	新たなリーダーが3人誕生して活躍している	新しいリーダーが会社の顔として認知されている
若手がスキルアップして、得意分野ができて活躍している	リクルート情報誌などから問合せが増え、記事が掲載されている	就職したい企業ランキングトップ10に入っている

枠が描けたら、それぞれの時点での自分たちのあるべき姿（その時どうなっていたいか、どういう状態であれば気分がいいかなど）について意見を出し合い、枠内に書き込んでいきます。遠い未来から順に意見を出し合い、隣の枠に移る際には「この未来を実現するためにはその半分の時期にどうなっていればいいか」を考えていきます。

いきなりではあるべき姿を考えにくいという場合には、「営業面では……」「商品開発では……」などと主要領域を設定して検討してもよいでしょう。

現状からいったん意識を離したほうがよいので、開催場所は、できれば会社内ではなく別の会場を手配することをお勧めします。

この話し合いプロセスにおいて、各自の思いを出し合い、それを表現していくことで、ほかのメンバーの考えていることや大切にしている価値観も見えてきます。漠然とした「変わらなくては」という思いに骨格ができあがり、肉づけがされていくようなイメージです。

また、未来から現在にどんどん近づいていくにつれて、現状とのギャップもあらわになり、「この期間でここまでいけるのか？」「こんなこと本当にできるのか？」などという焦燥感も生まれてきます。しかし、それは「自分たちで描いた近未来（結果）に対して責任を負わなくてはならない」という意識が高まってきている証拠ですので、ぜひ前向きにとらえ直してください。

時には熱く、時には笑い、時には険悪なムードにもなりながらも、長時間みっちり話し合うことが重要です。時には、タイムマシン法のワークショップを2日間にわたって実施することもあるくらいです。

序章で「組織の根底には感情が流れている」という考えを述べましたが、時には「悪い記憶」も滞留していて、「どうせまたかけ声だけだ」「前もだめだった」などというような意識につながっていることもあります。タイムマシン法を使って話し合っていても、「これは無理だから、これくらいが関の山だろう」というような発言がよく出ますが、そのような発言にひるんでいては、とうてい変わることはできません。

後ろ向きな発言に対しては、「ここでひるんでいるようでは、２年後のこの状態は絶対に無理ですよね？」などと切り返すことで、議論を力強く進めていってください。タイムマシン法を使って本気で話し合えば、時にはぶつかり合うこともあるでしょうが、悪い記憶を払拭《ふっしょく》し、変革に向けた意識づけを行うことができます。

変革後のあるべき姿はリーダーが一人でつくり上げるものではなく、あるべき姿をつくり上げる過程そのものに、人を動かす力が宿っているのです。

具体的な解決策をどう考えるか『ブレーンストーミング』

次に、「タイムマシン法」で検討した変革後のあるべき姿や近い将来の姿を実現するための解決策やアイディアをあげていきます。もし、それらが現実的で達成可能性が高そうであれば、第1章で紹介したロジックツリーのＨｏｗツリー（62ページ）を使って、「どうやって実現するか？」を検討すれば、解決策が導き出せるでしょう。

もし、達成するには一筋縄ではいきそうにない場合には、新しい発想で解決のためのアイディアを出していきます。第1章で紹介した「SCAMPER」の生みの親でもあるオズボーン氏が考案した「ブレーンストーミング（ブレスト）」は解決策を検討するのに効果的な手法です（図18）。

次の4つの基本的なルールを心がけながら話し合いを進めます。

①批判厳禁

自由なアイディアを出すために、批判をしたり、すぐに結論づけたりすることは避けます。アイディアの評価をし、結論を出すのは次の「ペイオフマトリクス」などの段階ですべきことだからです。

②質より量

一つだけ確かな策を出すのではなく、さまざま

図18 ブレーンストーミング

■4つのルール

1. 批判厳禁
2. 質より量
3. 自由奔放
4. 便乗歓迎

■テクニック

・議題をあらかじめ周知しておく
・時間は長時間ではなく60分程度で集中して行う
・上司が先に発言しない（もしくは上司を参加させない）
・アイディアの目標数を決める
・紙に書いて貼る
・紙を回して書き込む

な視点でたくさん出そうとすることで、思考の枠が外れてよいアイディアが出てくることを狙います。

③自由奔放

一般的なアイディアよりも、奇抜な考え方、斬新な考え方を歓迎します。初めは笑いが起きるかもしれませんが、一見ありえないと思うアイディアに解決のヒントが隠されているかもしれないからです。

④便乗歓迎

アイディア同士をくっつけたり、変化をさせたりすることで、さらにアイディアを生み出していくムードを促進します。人の案に便乗することを歓迎します。

また、アイディアを出しやすくするために、次のようなテクニックを使うとより効果的です。

- **議題をあらかじめ周知しておく**

- 時間は長時間ではなく60分程度で集中して行う
- 上司が先に発言しない（もしくは上司を参加させない）
- アイディアの目標数を決める
- 紙に書いて貼る
- 紙を回して書き込む

時に、「日本企業でブレストがあまりうまくいかない」という声を耳にすることがありますが、原因としては次のようなことが考えられます。これらを反面教師として、ここにあげたのとは逆のことを心がけるのも、ブレストを効果的に行うためのテクニックといえるかもしれません。

- 上司の意見に追随する傾向が強い
- 洗練された意見をいおうとしすぎる（バカバカしく思える発言を躊躇《ちゅうちょ》する）
- 結論をすぐに出したがる

ブレストを行う際には、ここまであげてきたようなルールやテクニックを使って、アイディアを出しやすい雰囲気をつくり出すとよいでしょう。

お互いを批判せずに、新しいアイディアをチームで創造していくというこの過程自体も、変革に強い折れないチームをつくり出す筋トレのような機能を果たします。変革の途中でトラブルが起きた時に、責任追及に時間を浪費するのではなく、いち早く一丸となって「どうしたら解決できるのか？」ということを考え、形にする力を身につけられるのです。

具体的に何から始めるか『ペイオフマトリクス』

たくさんの解決策やアイディアが出てきた後に、ふるいにかけるためのフレームワークが「ペイオフマトリクス」です（図19）。

ペイオフマトリクスは、具体的な施策を決定する際に、解決策やアイディアから有力な選択肢へとしぼり込む手法です。マトリクスを構成する4つの四角は「象限」と呼ばれますが、この象限ごとにおおよその対応方針が決まっていて、実行すべき具体的な作業の優先順位を決定して、「計画」（いつまでに誰が何をするか）を立てる際に有効です。

まず、アイディアを「実効性」と「実現性」で評価するための軸を2つ決めて、図19のようなマトリクス（4象限）をつくります。

横軸の実効性とは、いわゆる「効果」のことです。効果を表す指標としては、「売上」や「利益」などといった最終的な効果を表すもののほか、「業務効率」や「社内外への影響度」などが候補となります。

一方、縦軸の実現性は、「難易度」といい換えることができます。難易度を表す指標としては、「実現までにかかる費用」のほか、「実現までにかかる時間」や「実現までにかかる工数」

図19　ペイオフマトリクス

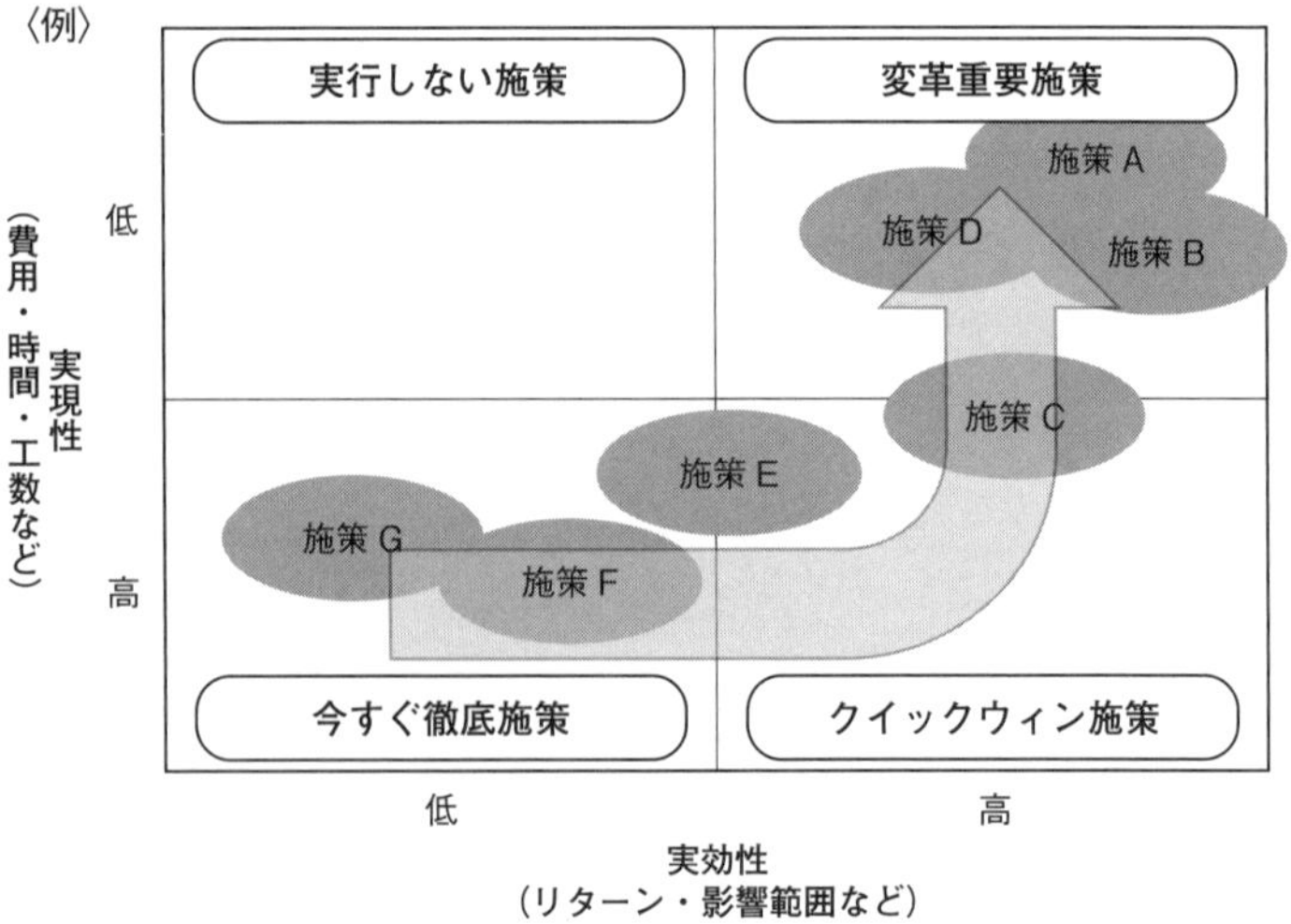

などが候補となります。

縦と横の軸が決まったら、そのマトリクスを使って、出された解決策やアイディアを次の4つに振り分けていきます。すると、図のように左下からカーブを描いて右上へと施策を実行していく姿がイメージできるようになります。

①変革重要施策

効果が高いけれども難易度も高いものは、まさに変革として取り組むべきものです。図の右上がこれにあたります。

②クイックウィン施策

高い効果がのぞめるにもかかわらず、難易度が低いものです。図の右下がこれにあたります。

変革は長期に及んだり、とてもハードなことが続いたりします。つらいことばかりでは、最後まで走り抜けません。そのような時に、この即効性のある施策で自信や勢いをつけると効果的です。

少しでもいいから前に進んだことを確認し、チームで喜び、次の壁（変革重要施策）

に向かって挑戦していく勢いをつけることで、実行計画がよりイキイキとしたものになるでしょう。

③今すぐ徹底施策

効果が低いものの、難易度も低いもので、いわば徹底を図るべきものです。図の左下がこれにあたります。

④実施しない施策

効果が低いにもかかわらず、難易度も高いもので、図の左上にあたります。

ここで重要なことは、さまざまな可能性のなかから「これをやる」と決めたということをチームでしっかりと合意することです。

なぜなら、ステージ3の「実行」＆「展開」の段階になるとさまざまな想定外のことが起き、そのような時に、「私はこの施策じゃなくて、別のがいいと思っていた……」という後出しジャンケンのようなことを誰かがいい出すと、士気が下がってしまうからです。

そのようなことを防ぐためにも、しっかりと合意をとりましょう。

なかには、リスクをとりたくないがために、ひたすらこのマトリクスで検討を続けてしまうような組織もありますが、重要なのは評価を操作して安心することではなく、実行に向けて気持ちを一つにしていくことです。

なお、これは上級者向けですが、2つの評価軸では施策の優先順位を決めきれない場合には、評価軸を増やしたうえで図20のような「意思決定表」にして合計点数を算出して評価します。たとえば、「新規性」「リスク」「(すでにある事業や実行中の施策との)親和性」などを評価軸として追加するとよいでしょう。

図20 意思決定表

〈例〉

評価軸(加重)	実効性(×3)	実現性(×2)	新規性(×2)	リスク(×1)	親和性(×3)	合計点
施策A	9	8	0	2	3	22
施策B	21	2	6	3	3	35
施策C	3	20	4	0	9	36
施策D	30	4	10	5	0	49

【レーダーチャートの例】

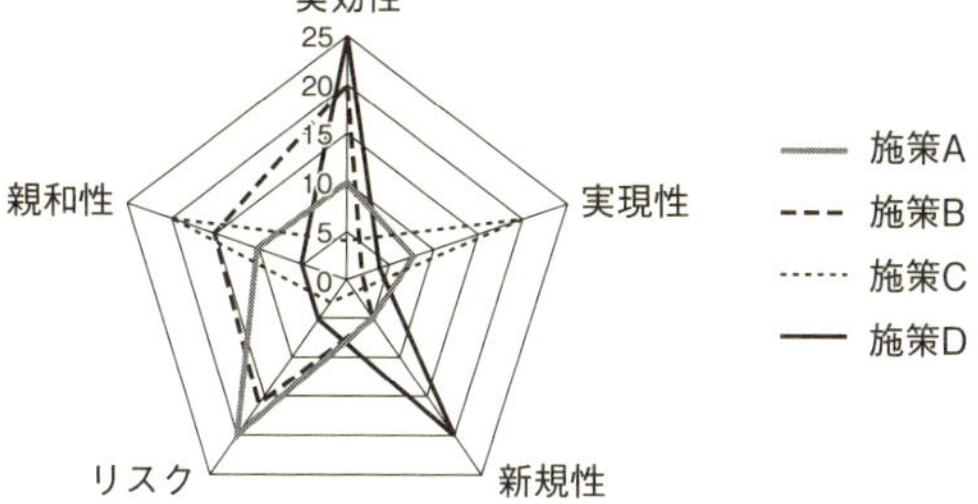

評価軸ごとの点数は、何段階評価にするかを考え決めてください。そのうえで、重視する評価軸は何かを考えて、その評価軸については点数を加重します。たとえば、「新規性」が重要ということであれば、新規性の点数を「×3」などとします。逆に、「リスク覚悟」ということであれば、リスクの点数を「÷2」などと少ない点数にすればよいでしょう。

また、施策ごとの特徴を視覚的につかみたい時には、評価軸ごとの点数を5段階くらいに設定したうえで、施策ごとの点数を図20に例を添えたレーダーチャートのようにするとよいでしょう。そうすることで、「全体的にバランスのよい施策」「ハイリスク・ハイリターンの施策」などといった特徴が見えてきます。

何を達成するのか『SMART』

何をするかが決まったら、「どういう状況になれば達成されたといえるのか」という具体的な目標に落とし込みます。ここまで明確にした「計画」でなければ意味がありません。

その時に使うのが「SMART」というフレームワークです。

施策を決めただけでは、人によって「どこまでやるのか」の認識が異なる場合も多いでしょう。SMARTでチェックしながら、誰が見ても認識の違いがなく、やりがいを感じることができる目標設定をします。

SMARTは一般にもだいぶ広まっているフレームワークで、図21のようにさまざまなヴァリエーションが存在していますので、それらも参考にしてください。

たとえば、変革の目標設定ということであれば、Sは「具体的（Specific）」であることはもちろん、「背伸び（Stretch）」していることも重要でしょう。

目標達成までの期限が短くなればなるほど難易度が高くなりますが、実際の変革プ

図21 SMART

	基本形	さまざまなヴァリエーション
S	Specific（具体的である）	Stretch（背伸びしている） Simple（シンプルである）
M	Measurable（測定可能である）	
A	Achievable（達成可能である）	Agree on（合意されている） Action-based（行動に基づいた）
R	Realistic（現実的である）	Reasonable（合理的である） Result-based（成果志向である）
T	Time-related（期限が決まっている）	

ロジェクトでは、常識的な期間の半分で実行しなくてはいけないということも、ままあります。現代では、圧倒的なスピードで変わり続けることでしか、競争優位を保てないからです。

なお、より短い期間で目標を達成するには、「何を行い、何をやめるのか」という優先順位をはっきりとさせるとともに、従来のやり方を変えることも厭《いと》わないチームの姿勢が必要になりますが、そのようなチームをつくるために役立つフレームワークを次章ではご紹介します。

第4章 「組閣」——中核となるチームをつくる

ヒト系

仲間はどんなキャラなのか『ハーマンモデル』

ステージ2（「計画」をつくり始める段階）になったら、いよいよ変革の中核メンバーでチームをつくっていきます。やるべき作業を「誰が」やるのかが決まらなくては、「計画」にならないからです。

ここで覚えておいていただきたいのが、チームメンバーに〝やらされ感〟があったら絶対に人は動いてくれない（変革は成功しない）ということです。つまり、チームメンバー全員に、「自分が変革に欠かせない重要人物である」という自覚を持ってもらう必要があるのです。

ストーリーで鈴木さんが務めたような変革を担うリーダーは、いわば、「自分がいなければこの変革は成し遂げられないだろう」という意識をメンバー全員に持たせて活躍してもらうためのプロデューサーです。

そのため、チームメンバーの行動特性、性格、向き不向き、コミュニケーションの仕方の特徴などをなるべく早くに理解する必要があります。よかれと思って割り当てていた仕事がじつは本人にとっては苦痛で、耐え続けた結果、「もう限界なのでプロジェクトを外してほしい」などということになっては、致命傷になることもありえるからです。

そこで、メンバーの思考や行動の特性を理解するのに役立つフレームワークが、図22としてご紹介している「ハーマンモデル」です。

このモデルの背景には、「利き脳」の考え方があります。無意識に活用する「利き腕」や「利き目」があるように、思考にも自然と使っている「利き脳」があるという考え方です。

人の思考の特性（利き脳による思考の好み）は、コミュニケーションのとり方のほか、意思決定や問題解決の仕方など、あらゆることに影響を及ぼすといわれています。つまり、人の思考や行動の特性は、「脳のどの部分が強く働くか（どんな利き脳をしているか）」で決まるというのです。

自分の利き脳にあった活動であれば、人は苦痛を感じることなく高いモチベーションで集中することができ、仕事や勉強でも成果を上げやすくなります。一方、自分の利き脳に合わない行動は、苦手意識を感じやすく、やる気も起きないため、成果を上げにくくなります。

また、利き脳の違いによって、人はそれぞれ理解しやすかったり、納得しやすかったりするポイントが異なります。そのため、私たちの日ごろのコミュニケーションの難易度は、自分とコミュニケーションをとる相手との「利き脳の組み合わせ」に大きく左右されるというのです。

たとえば、Cの「感覚派」の強いタイプの人には、Aの「理性派」の強いタイプが数値を用いてロジカルな説明を繰り返すよりも、共感しやすい

図22 ハーマンモデル

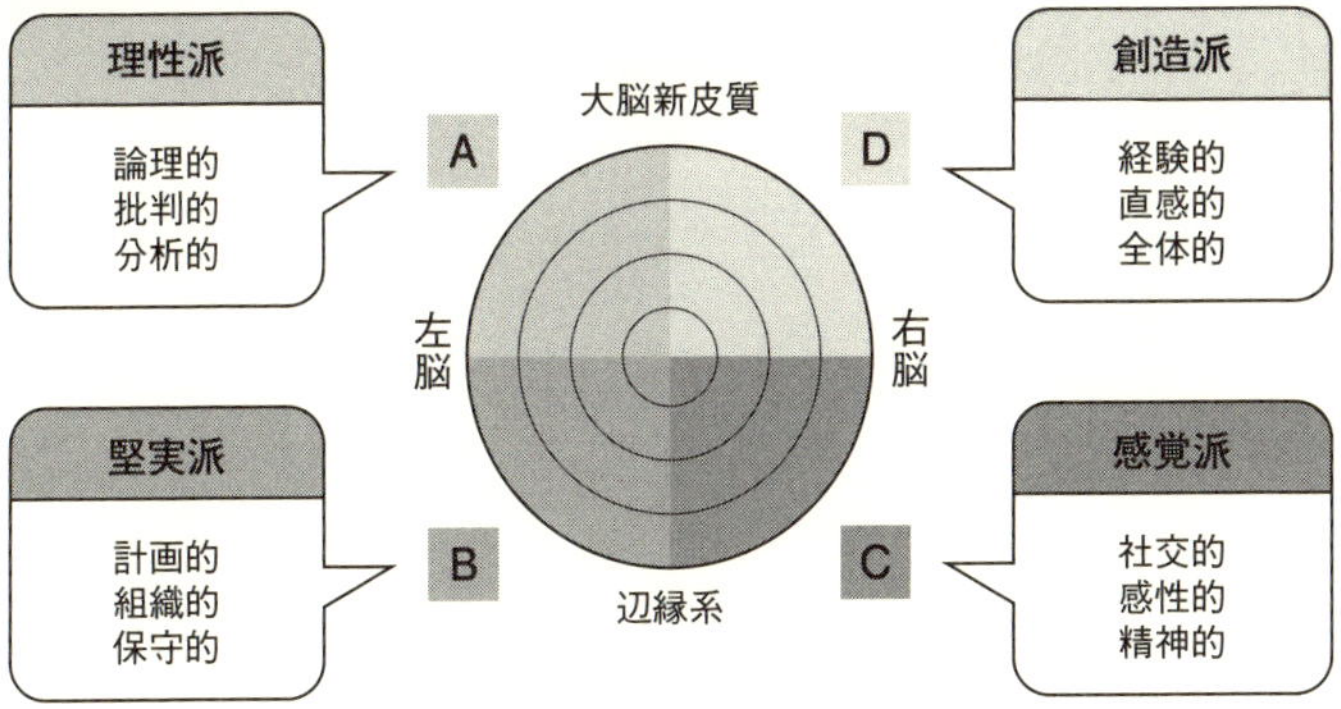

ストーリーを用いて情に訴えかける方が納得してもらいやすい、という具合です。

このハーマンモデルのタイプ分けは、「誰に何をやってもらうか」を決めるチーム編成の際に活用することができます。

簡易的に自分のハーマンモデルを調べられるWebサイトなどもあるため、変革などのプロジェクトを始める際にはメンバー全員でやってみることをお勧めします。正確に個人のタイプを知ることが目的ではありませんので、だいたいの傾向がつかめれば十分です。楽しみながら行えば、お互いの特性を知り合うことで、チームの一体感が増すという効果も得られるはずです。

メンバーのハーマンモデルがある程度わかっていれば、たとえば、「厳格に進捗管理をしたり、厳しい事実を突きつける強面の役回り」や「チーム全体を和ませたり、熱くさせるムードメーカー的役回り」など、誰が適役かということを考えやすくなります。

以前、Bの「堅実派」の数値が高い人に、メンバーの親密さや一体感などが増すイベントを考えてもらったことがありましたが、なかなかいいアイディアが出てこなかったという経験があります。その後、Cの「感覚派」の数値が強いタイプの人に頼むと、イキイキとして感動的なイベントを計画・実行してくれました。

チーム全体のバランスを見た時に、どこかの象限にメンバーが偏っている場合には、注意が必要です。

たとえば、堅実派が多すぎると、チームとしての意思決定の時に「リスクはあるが、効果もある」という大胆な施策を敬遠しがちになるかもしれないからです。そのような場合にも、このモデルで個々人とチームのバランスや傾向を知っておくことで、対応しやすくなります。

変革などのプロジェクトでは、同じようなタイプの人ばかりでは乗り越えられない危機的状況にも遭遇します。自分と似ているタイプばかりでチームを組もうとせずに、正反対のタイプをあえてチームに入れたほうが逆に得策かもしれません。

どんな役割が必要か『ベルビンロール』

チームメンバーの思考や行動の特性を理解したら、続いて、それぞれのメンバーに適した役割を決めていかなくてはなりません。

チーム内の役割について、チームワーク理論の第一人者である、メレディス・ベルビン氏は著書『マネジメント・チーム』（Management Teams）のなかでこう語っています。

「チームとは、肩書きのついた人間の単なる集まりではなく、役割を持った個人の集合であり、そこでは、各メンバーの役割をほかのメンバーがきちんと理解しているのである。チームメンバーとは、自分の役割を見つけ出し、自分にとって最も自然な役割を最も効果的に果たす人たちである」

また、チームのなかの役割について、ベルビン氏は「特定の方法で他人と関係を持ち、貢献し、行動する傾向」と定義しています。

つまり、役割というと、具体的な作業のことを第一に考えがちですが、変革のような大きな変化を成し遂げるチームにはもっと「個」を発揮させる力学が必要なのです。

たとえば、サッカーだと、フォワード、ミッドフィルダー、ディフェンダー、ゴールキーパーというポジションがあり、それぞれの仕事や守備範囲というものはだいたい決まっています。しかし、キャプテンや、司令塔、ムードメーカーなどの役回りは、必ずしもポジションと同一ではありません。

ここでいう役回りには、サッカーのスキルだけではなく、そのプレイヤー個人の持つ思考や行動の特性、人間性、キャリアなどと大きく関わってくるからです。

困難を克服できる強いチームをつくるには、単に作業をメンバーに割り振るだけではなく、この「役回り」を誰に担ってもらうのかをきちんと考えていく必要があります。そこまでやるのが「組閣」です。つまり、チームをプロデュースしなくてはならないのです。

では、どのような役回りがあるのかを見ていきましょう。

ベルビン氏は理想的なチームに必要な9つの役割を定義しました（当初は8つでしたが、後に1つ追加しました）。それが「ベルビンロール」と呼

図23 ベルビンロール

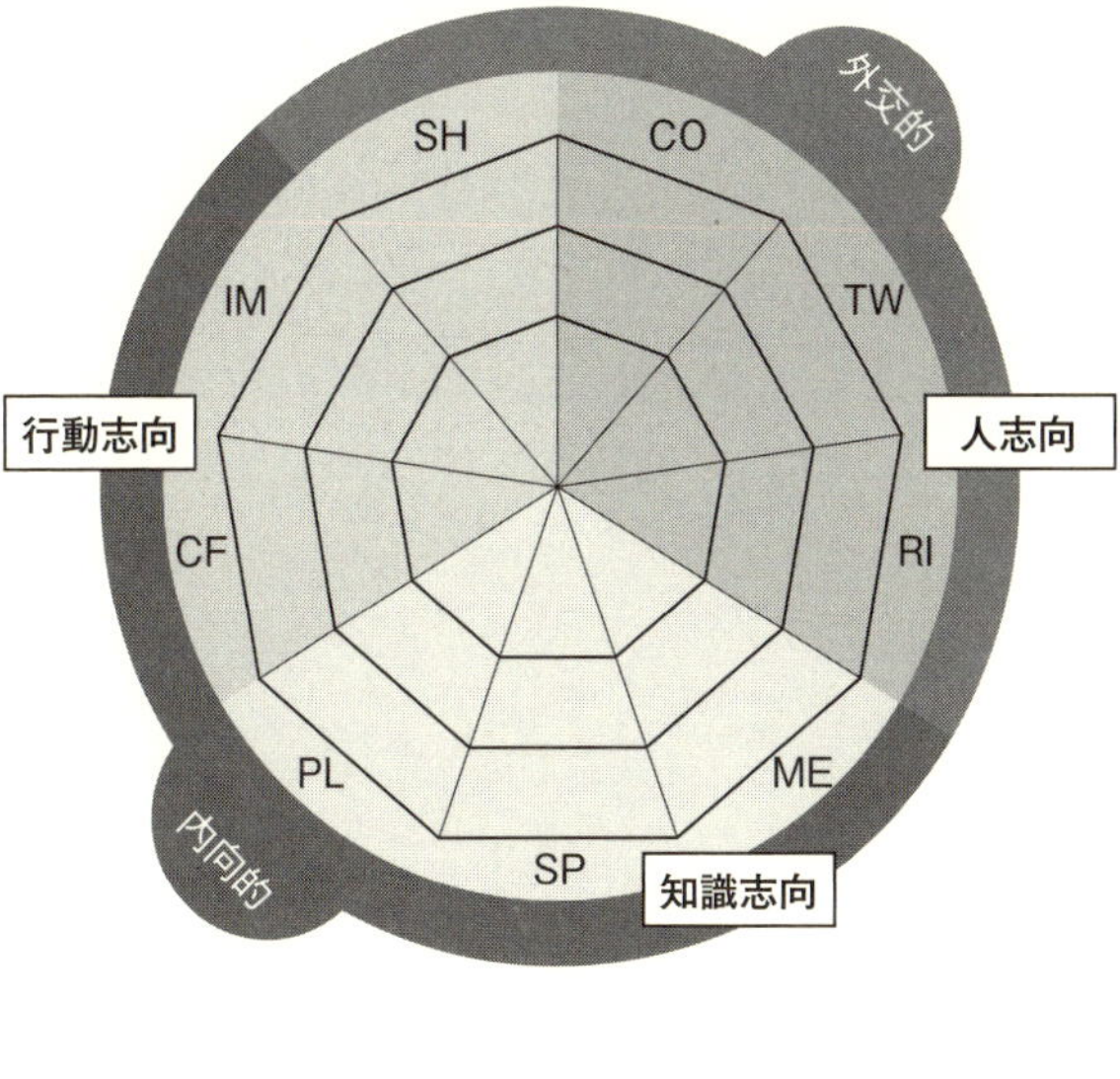

ばれるものです（図23）。

①コーディネーター（CO：Coordinator）
・チーム全体をコーディネートする存在
・目的志向が強く、明確なゴールを示して導く
・コミュニケーションが得意
・全体を見る目があるがゆえに、少数派を軽視する傾向がある
・ハーマンモデルの「D創造派」向きといえる

②形づくる人（SH：Shaper）
・チャレンジ精神が旺盛で、精力的に障害に立ち向かっていく存在
・仕事を早く終わらせることに喜びを感じる
・パターンを見つけたり、アイディアを統合することが得意
・自分の専門領域について自信があるがゆえに、チーム全体の意思決定を軽視する傾向がある
・ハーマンモデルの「A理性派」向きといえる

③クリエイター（PL：Plamt）

・創造性が高く、独自のアイディアを提示する存在
・困難な課題に集中して突き詰める
・知的な議論が得意
・自分の意見が否定されると心を閉ざしてしまう傾向がある
・ハーマンモデルの「D創造派」向きといえる

④監視役（ME：Monitor/Evaluator）

・冷静な分析で、効果的に問題解決に導く存在
・公平で偏見がなく、細部にこだわる
・真面目で批評が得意
・判断に時間をかけすぎたり、批判的になりすぎる傾向がある
・ハーマンモデルの「A理性派」向きといえる

⑤実行者（ＩＭ：Implementer）

・効率的、計画的に確実に実行する頼れる存在
・予定通り完遂することを好み、急激な変化を嫌う
・決まったことを実行計画に落とし込むことが得意
・革新的、創造的なアイディアが理解できず見逃す傾向がある
・ハーマンモデルの「Ｂ堅実派」向きといえる

⑥調達係（ＲＩ：Resource Investigator）

・外交的で熱意があり、チャンスを見逃さない存在
・人脈があり、優れた対人能力を発揮する
・形式張らず、外交が得意
・最後まで作業を完遂しきれないこともあり、熱しやすく冷めやすい傾向がある
・ハーマンモデルの「Ｃ感覚派」向きといえる

⑦チームワーカー（ＴＷ：Teamworker）

・協調性があり、融合と調和を促す存在

・もめごとを避け、人の話をよく聞き、信頼を築き上げる
・人のアイディアを支持し、形にするのが得意
・個々のニーズに敏感なあまり、優柔不断になりやすい傾向がある
・ハーマンモデルの「C感覚派」向きといえる

⑧完璧主義者（CF：Completer/Finisher）

・勤勉で誠実な仕事を納期通りに行う存在
・プレッシャーがかかる状態でも確実に目標達成ができる
・自分や他者の誤りや手抜きに厳格
・細部にこだわりすぎて、悲観的になりすぎる傾向がある
・ハーマンモデルの「B堅実派」向きといえる

⑨スペシャリスト（SP：Specialist）

・特定分野の知識やノウハウを持つ専門家的な存在
・特定領域において極めて高い問題解決能力を発揮する

・専門外の領域には興味を示さない傾向がある
・ハーマンモデルの「A理性派」向きといえる

ベルビンロールはあくまでも役回り（役割）であって、持って生まれたハーマンモデルの行動特性のようなものではありません。

いくつかの質問に答えることでタイプ診断をしてくれるサービスも存在しますが、ここでの目的はチームにどのような役回りが必要かを全員が理解し、機能させることですので、わざわざメンバー全員の診断をしなくてもよいでしょう。

この9つの役回りにハーマンモデルで把握した個人の特性がピタリと合えば、理想的です。そうすれば、各メンバーのパフォーマンスは最も高くなるでしょう。ハーマンモデルで明らかになった個人の特性と、この役回りのマッチングがうまくいくことで、チームのスキル不足をカバーでき、不測の事態にも対応しやすくなるため、チーム全体のパフォーマンスが上がるのです。

しかし、バランスよくすべての役回りに向いた人材がそろっているようなことは、そうそうあることではありません。そのような理想を追求するよりも、メンバーがお互いに意識し合って役回りを演じることで、チームの力を最大化することのほうが重要です。

誰がどの役回りを担っているかを一覧表にすれば、チームに不足している役回りを可視化することができます。チームのなかに不足している役回りがあれば、メンバーの誰かが意識的に担うための話し合いを行うことで、連帯感を高めることができるでしょう。

たとえば、チームに完璧主義者や実行者の傾向が強いと、プロジェクトに行き詰まりを感じやすくなりますが、そのような時は調達係の役回りを誰かが意識的に担うように働きかけるのです。チームを活気づけるような情報を意識的に調達するようにすれば、チームの雰囲気は明るく前向きになるはずです。

あるいは、ストーリーの鈴木さんがそうであったように、チームワーカー的な人がリーダーの場合には、衝突を避けて和を好む傾向が強まり、仕事の品質や目標に対して甘くなりがちです。そのため、監視役や完璧主義者のように、冷静に観察をし、しっかりと仕事を成し遂げるための役回り（お目付け役）を誰かに割り当てなくてはなりません。

すでにお気づきかもしれませんが、ストーリーのなかでは加山さんがその役回りを担っていました。だからこそ、チームをプロデュースしていた千田さんが、鈴木さんが苦手だといっていた加山さんをあえてチームに加えるように勧めていたのです。

雨を降らせて、地を固める『タックマンモデル』

残念ながら、具体的な目標を「計画」し、各メンバーの性格や感情面を考慮した形でチームを「組閣」したからといって、すぐにチームが精力的に活動を始めるわけではありません。チームがチームとして機能するためには、成長のための段階を経なくてはならないからです。

この成長の段階は、すべてのチームが必ず通るもので、残念ながらどこかの段階を飛ばして、成果を出すチームにはなれないといわれています。

このチームが成長する段階を表したフレームワークに、「タックマンモデル」と呼ばれるものがあります（図24）。チームは「形成期」「混乱期」「統一期」「機能期」という4段階を踏んで、成長していくというのです。英語だと韻をふんでいて、それぞれ「Forming」「Storming」「Norming」「Performing」といいます。

①形成期

チームが結成されたばかりの状態です。お互いの人となりがわからず、不安や緊張、遠慮が見られます。お互いに本音を出さずに様子見をしている段階です。

この段階のチームでは、遠慮し合いつつもなごやかに見える場合もあれば、明らかに緊張感が漂っている場合もあります。

前者のケースは、成熟したメンバーや、コミュニケーションスキルが高いメンバーが集まっている時に起こりがちです。結成されてすぐに仲がよさそうだと思えても、ここで油断してはいけません。まだチームメンバー全員が同じ価値観を持っておらず、「ゴールを達成する

図24 タックマンモデル

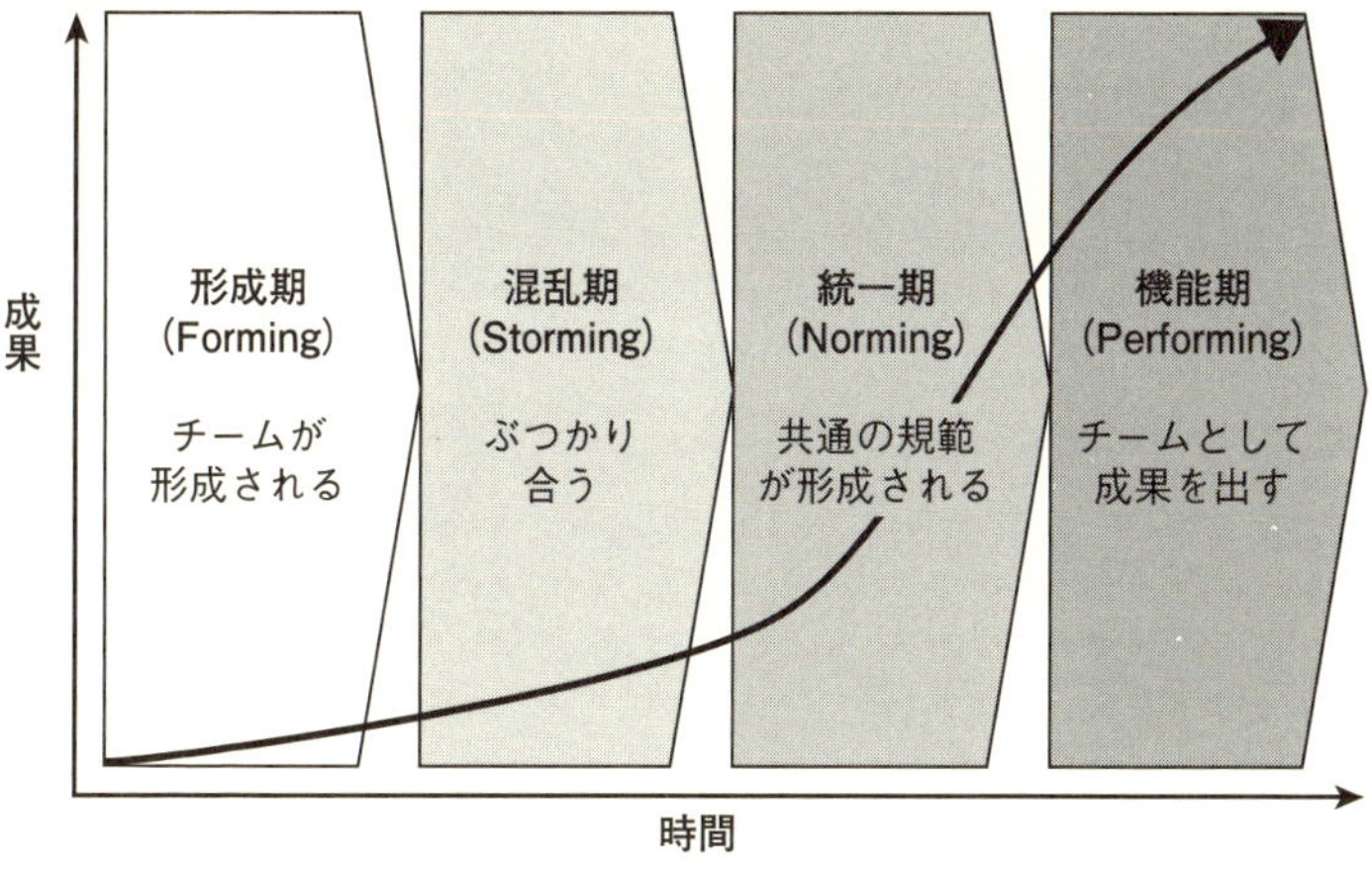

方法」や「どのように共同作業を進めていくか」というイメージが共有されていないなど、いわゆるチームワークというものが醸成されていないからです。

②混乱期

意見や主義・主張のぶつかり合いが起きます。いざ仕事が始まってみると、それぞれの考え方、やり方、ポリシーの違いが明確に浮かびがってくるからです。

この段階のチームでは、メンバーの興味関心は「チーム内でメンバーがどのような行動や考え方をしているのか」ということに向かいがちです。たとえば、細かいことでいえば「資料のつくり方自体が気に入らない」「会議での発言が気に障る」などといったことです。目標達成に向けて一丸となっているとはいえない状況です。

加えて、この期に及んで、「達成すべき目標や、そこに向けたアプローチ方法に対する理解そのものが食い違っている」ということが発覚することもありえます。そのような場合は、前提までさかのぼって認識をすり合わせる必要があります。

③統一期

混乱を乗り越え、共通の規範や役割ができあがります。個人の思考や行動の特性を理解し合い、自身の役回りを認識して、どのように動くべきかに気づくことで、徐々にチームとなっていきます。

達成すべき目標がしっかりとメンバーに共有され、チームとして従うルールが定着する段階です。

④機能期

チームが機能して、目標達成に向けた成果が生まれます。成功体験ができ、リーダーからいわれなくてもメンバーが自律的に動き、さらに成果が生まれる状態です。

統一期では、リーダーによって規律やルールが提示されましたが、この段階ではチームが自ら規律を生み出します。

じつは、混乱期をいかに乗り越えるかが、チームをつくり上げるうえでの最重要ポイントといっても過言ではありません。下手に事なかれ主義だと、ぶつかり合うことを恐れてしまうことで、逆に本音レベルでは不信感が渦巻いてしまい、機能期で得られるはずの成果が低くなってしまうのです。

とはいえ、メンバーがいがみ合いになり、個人否定になってしまうほど混乱させては、しこりが残り、結局のところ、うまく機能期にまで至ることができません。

混乱期をできるだけ早く、いがみ合いにならないようにして乗り越え、チームの自律性を上げることが、ほかならぬ「チームビルディング」です。

チームビルディングというと、懇親会などといったインフォーマルな場でお互いの人となりを知るという方法が一般的と思われがちです。しかし、仕事の考え方、価値観などを意識的にぶつける場を持つことで、もっと早く効果的に混乱期をつくり出し、抜け出すことが可能です。

ここから、さまざまな混乱期を早く効果的に乗り越える方法をご紹介しますが、これらの手法と懇親会や合宿などといった従来のやり方を組み合わせることで、さらに期間を短縮させることもできます。

人が集まっただけではチームではありません。お互いを尊重し、同じ方向を向けるように、タックマンモデルをもとにチームビルディングをしていきましょう。

❶目標レベルでの混乱期の乗り越え

第3章でコト系のフレームワークとして紹介した「タイムマシン法」（99ページ）は、

混乱期を意図的に創り出すためにも使えます。数年先から段々と現在に近づいてくるにつれ、各メンバーの考え方や譲れないことなど本音が見えてくるからです。

❷ 仕事レベルでの混乱期の乗り越え

目標レベルで納得したとしても、いざ仕事を始めてみたら、やり方、考え方の違いに愕《がく》然《ぜん》とするということは往々にしてあります。バックグラウンドが異なるメンバーが集まっている場合には普通にありえることですが、気がついた時にはお互いに「そんなやり方はありえない！」といがみ合いやあら探しをしてしまっているというようなことも起こりえます。

このような場合には、不満がくすぶらないようにお互いに「フィードバック」することを習慣化します。フィードバックとは、もともとは工学系の用語で、「評価を本人に戻してあげる」ことを意味します。

たとえば、定例会議などで、各担当者の作業や役回りについて、「よかったこと」「残念だったこと」「改善提案」を伝え合ってもらいます。私はこれを紙に書いて事前に提出してもらったうえで行っています。メンバーが慣れていないうちは、黙り込んでしまったり、不満ばかりが出てしまったりすることが多いからです。

ポイントは、感情的にならずにお互いを尊重したフィードバックをすることです。テクニックとしては、〝Youメッセージ〟ではなく、〝Iメッセージ〟で伝えることを徹底しましょう。

Iメッセージとは、「私は○○と思う」「私は○○のようにしてほしい」などと、「私」を主語にした言い方のことです。Youメッセージとは、「あなたは○○ですね」「あなたはなぜそうするのですか？」などと、「あなた」を主語にした言い方です。

Youメッセージがなぜよくないのかというと、「あなたは、もっと○○すべきでしょう」などという、相手への否定的なニュアンスを感じさせてしまうからです。すると、相手は防衛的にならざるを得ず、人の話を受け止める余裕がなくなってしまうのです。

一方「今、（私は）こんな状況なので、協力してもらうと助かる」「ぜひ、力を貸してほしい」というIメッセージでいわれれば、「そうか、そういう状況なのか。なんとかしてあげたいな」と、相手のことや状況を慮る余裕が生まれてきやすくなります。

丁寧に伝えるとしたら、「私が考えるとこうなってしまうので、理由とやり方を教えてもらえると助かります」という言い方です。そのうえで、意見ややり方の相違を整理していけば、お互い感情的にならずに、着地点を探すことができます。

場合によっては、相互理解が深まったばかりでなく、さらによいやり方を見出せたということもありえます。

このように初期段階で「なんだか気が合わない、虫が好かない」という気持ちをあえて上手に言語化させることで、不満を一気にパフォーマンスの高い状態へと昇華させてしまうのです。

❸ 混乱期への後戻りの乗り越え

統一期になったと思えた場合でも、うまくいかないことが続くとストレスがたまり、再びお互いの欠点に目が行ってしまい、混乱期に戻ってきてしまう場合もあります。

そのような時には、お互いに「よかったこと」「残念だったこと」「改善提案」をフィードバックし合うというよりも、お互いの「戦禍」と「戦果」を確認し合うことで、結束を高めるという方法があります。手順は次の通りです。

まず、がっかりしたこと、ひどかったことを出し合う「戦禍の共有」です。この時点では、お互いに批判はせずに、同情したり、時には笑い合ったりすることが大切になります。

次に、成功談、いい話、自慢話、感謝した出来事を出し合う「戦果の共有」です。ここでは、手放しで思い切りたたえ合ってください。

そして最後に、「問題解決」です。ひどい状況を打破する方法を全員で検討してください。

Stage 3

「実行」&「展開」

イントロダクション3
プロジェクトを成功に導く

ステージ3のポイント

ステージ3はいよいよ変革をコト系フレームワークで「実行」し、ヒト系フレームワークで変革に関わる人々に「展開」していきます。

ここでいう「実行」とは、ステージ2で立てた「計画」の進捗状況を管理することをさします。また、「展開」では、ステージ2で「組閣」したチームの外へと計画（変化）の拡大・浸透を図ります。

ステージ3では、「実行」と「展開」がそれぞれうまく進んでいるのかどうか（変革の達成度合い）を、コト系とヒト系のフレームワーク（指標）を使ってしっかりと見ていくことがポイントになります。

まず、「実行」では、プロジェクト・マネジメントで用いられるコト系のフレームワーク（管理手法）をご紹介します。プロジェクトの内容や規模によって、細かな管理手法は異なりますが、大きな指標として何を見ながら変革を進めていくのかを理解しましょう。

また、変革にはリスクがつきものですので、リスク管理の考え方もご紹介します。

続いて「展開」では、変革の内容を正しく人々に伝え、期待値をコントロールしていくことが重要になります。本書の冒頭から「組織の根底には感情が流れている」と繰り返し述べていますが、「感情」は売上や利益などと同様に、変革などのプロジェクトにおいて管理すべき情報であり、変革が進んでいるのかどうかを測る重要な指標です。

この感情という指標を無視したり、特に何もしなくても士気が上がると思い込んだりするのが、変革において一番の命取りなのです。コト系フレームワークで計画をつくって実行段階に入れば、物事がよい方に進んでいくと思うのは楽観的にすぎます。

ここでは、そんな「感情」を測るヒト系のフレームワークとして、コミュニケーション・マネジメントの手法をご紹介します。

この一連のフレームワークを活用した活動は、コンサルタントの世界では、「変革移行管理（チェンジ・マネジメント／略称：チェンマネ）」と呼ばれています。大規模なプロジェクトではチェンマネ専門チームをつくってコントロールするほど重要ですが、なかなか表舞台には出てこないまさに秘伝のフレームワークをご紹介していきます。
変革移行管理の一連のフレームワークを知ることは、あなたが人を動かし、何かを成し遂げるための大きな助けになるでしょう。

※

それでは、ステージ3の解説に入っていく前に、「森口くんの挑戦」をお楽しみください。

Story

「森口くんの挑戦」

プロジェクトの中間報告を終え、社内のイントラネット上に「営業力強化プロジェクト」のページをつくるように指示されていた森口通くんが、パソコンに向かって記事を作成しています。記事のタイトルには、「A事業部・営業変革プログラム　続報」とあります。

しばらくして、記事を書き終わった森口くんが、「さて、これでいっちょあがり！」とつぶやくと、ノートパソコンのディスプレイをパタンと軽快に閉じました。どうやら、休憩室に行くようです。休憩室では、同期の内山くんが缶コーヒーを飲んでいました。

内山「おう、森口、お疲れ！　この間のプログラムの発表見たよ。あれ、どんな感じなの？」

森口「さっき続報をイントラネットにアップしておいたから、それを見てよ。詳しいことは順次載せていくからさ。でも、プロジェクトメンバーは気合入ってるから、きっと今までにない感じのことするんじゃないかな」

内山「へーっ！　そうなんだ。そりゃ楽しみだな！」

森口「まあな。でもじつは、俺もプロジェクトの詳細についてはまだ把握できていないんだけどな……」

内山「えーっ！　そうなのかよ。オマエ、そんなんで、大丈夫なのか？」

そんな話をしながら笑っている若者2人のそばで、コーヒーを飲んでいた営業管理部の影山主任が「どうせまたかけ声だけだよ」とボソッとつぶやきました。

休憩室の入り口付近で立ち話をしていた女性社員たちは、「管理業務も変わるらしいけど、もしかして体のいいリストラとか？」などとささやき合っています。どうやら、サポート業務についている女性社員のようです。
森口くんの耳にもそれらの声は届きましたが、スマホの操作に夢中で、まったく気になっていないようです。

※

森口くんが休憩室から席に戻ると、ちょうど千田さんが森口くんを探しているところでした。森口くんを見つけた千田さんが声をかけます。

千田「プログラムの説明会準備、どうなってる？」
森口「今のところ、参加申し込みは40％くらいですかね」
千田「少ないな。告知はどうやってるの？」
森口「社内のイントラネットでやってますよ。みんな忙しくて参加できないんじゃないですかね？　来られない人は後で、ネットで説明資料をきっと見ますよ」

千田「ネットでは伝えきれないこともたくさんあるからな。もう少し、告知を工夫してみて」

森口くんはネットでのコミュニケーションが当たり前の世代です。内心では「自分の感覚的には、フェイス・トゥー・フェイスにこだわらなくてもいい気がするんだけど……」と思っています。

そこで、イントラネットのトップページに載せている説明会の告知がもっと目立つように、位置を移動させてみることにしたのですが……。

※

説明会は全事業部門メンバーを対象として開催されました。大林事業部長はいつもの定例会よりも熱く、このプロジェクトにかける思いを語っています。

森口くんも、遅ればせながら、「へー、ずいぶんと今回は肝いりなんだな」と興味が膨らんできたようです。

続いて、リーダーの鈴木さんが、新たな業務や施策の内容のほか、スケジュールなどを話し始めました。こちらも気合を感じさせるプレゼンテーションです。

その様子を見ながら、森口くんは「鈴木さんて、ちょっと前までは気のいい明るい人って印象だったけど、なんだか頼りがいがある感じになったな」などと思いを巡らせています。普段はあまり盛り上がることのない不燃体質の森口くんでしたが、ほかのメンバーの懸命な働きにも接しているせいか、鈴木さんのプレゼンを聞きながら、なんだかワクワクしてきました。

そうこうしているうちに説明会も無事に終わり、「これならきっとアンケートもよい結果が出そうだ」と思いながら、後片づけを手伝っていた森口くんに、千田さんが声をかけました。

千田「森口、今日の説明会のアンケート結果が出たら、見せろよ」
森口「はい、明日の午前中にはまとめておきます！」

※

説明会の翌日、森口くんがアンケート結果を鈴木さんと千田さんに報告しています。

森口「参加率は全事業部メンバーの60％にとどまりましたが、内容については『満足』が過半数を占めていますね。ちゃんと伝わったんじゃないでしょうか」

千田「なあ、森口。今回の説明会で、みんなの受容度はどこまで上がったと思う？」

森口「……受容度ですか？　どれくらい理解したかってことですか？」

千田「理解するのは、受容の一段階にすぎないんだよ。変革受容度を上げるためには、3つのギャップを埋めていかなくてはいけないんだ。

1つ目のコミュニケーション・ギャップは、『わからない／知らない』状態を『そうか、なるほどわかった』という状態にすることで埋める。次のマインド・ギャップは『やりたくない』という気持ちを『やってみたい』という状態にすることで埋める。最後のスキル・ギャップは『できない』という状態を『これならできる』というところまで持っていかなくてはならないんだよ。

そこまでやって初めて、コミュニケーションは成功したといえるんだぞ」

森口「今回の説明会は『満足』と回答した人が多いから、理解はされたんじゃないですか？ちなみに僕は、必要な情報をちゃんと発信すればいいと考えてます。今はみんなも忙しいから、できるだけ効率よく情報発信できれば、もっといいと思ってますよ」

千田「世の中、効率最優先かもしれんが、コミュニケーションだけは効率を追求しちゃだめなんだよ。きちんと伝わったかどうか、そして、その結果相手が動くかどうか、そこまで考えて地道にやるしかないんだよ」

森口「はぁ……。でもとりあえず、説明会の満足度は高かったから、いいですよね？　不参加の人にはイントラネットで説明会資料を見ておくように呼びかけておきます」

※

森口くんは、せっかくいい結果が出たのにあまり褒められず、おもしろくありません。すぐに仕事に取りかかる気にはなれなかった森口くんは、「地道に……って古いよなぁ」と思いながら、スマホを手にとり、内山くんなどの同期で会話しているSNSのアプリを立ち上げました。

するとそこでドキッとする会話が交わされていたのです。営業変革プロジェクトのことが話題になっているようです。

内山「今日の説明会、プロジェクトメンバーは盛り上がってるみたいだけど、正直よくわかんねー」
武田「おっさんたちはおびえてるぞ」
内山「そうそう、単に厳しくなるだけなんじゃね？」
小川「若手の不満にも耳ふさいでるよね」
川島「うちの部長が、『こういうのは過去やったけど、失敗したから、今回も無理じゃないか』っていってたぞ」

アンケートにはこのようなことは書かれていなかったので、森口くんは内心ショックでした。そもそも聞きかじりの間違った情報に基づいて話している人も多く、千田さんがいっていた、３つのギャップのうち、一番初めのコミュニケーション・ギャップが埋まっていないということが徐々にわかってきました。

プロジェクトメンバーのがんばりを間近で見ているだけに、いたたまれない気持ちにもなってきました。森口くんは、さっそく、千田さんに相談に行くことにしました。

※

森口「千田さんのいってた意味が僕にもわかってきました。みんなにきちんと伝えようと、がんばったつもりだったのですが、何がいけなかったんでしょうか？」

千田「森口、みんなって誰だ？」

森口「みんなって、事業部全員ですけど？」

千田「コミュニケーションは全員一緒くたに考えてはいけないんだよ。『誰に、何を、どうやって伝えるか』と極めてシンプルに考えるものなんだけど、『誰に』をもっときめ細かくタイプ分けして考えるんだ。役職だけではなくて、相手がどんな懸念を持っていて、どうしたらそれに答えられるかを考えないと、伝えたつもりでも伝わらないんだよ」

森口「なるほど。たとえば、サポート業務の20代社員とかいう感じですか？」

千田「そう！　その人たちなら、きっと『営業力強化プロジェクトの結果としてサポート業務がどう変わるか』に最も興味関心があるよね。『それによって自分の立場がどうなるか』というのが最大の懸念のわけだ。それに応えていく必要があるんだよ」

森口「なるほど……。ＳＮＳで会話してるのは若手ばかりですけど、若手にもいろいろなタイプの人がいますね」

千田「そうだね。そのタイプごとの懸念が見えてくると、とても効果的なＦＡＱをつくりやすくなるんだよ」

森口「FAQって、『Frequently Asked Questions』ですか？　そういえばネットショップでもよく見かけますね」

千田「そう、『よくある質問と回答集』。懸念を持った人がいだきそうな疑問を見越して、先に回答をしてしまうんだよ。そうすることで、懸念を持った人がなかなか聞きにくいと思っていることであっても、そのことに対する回答を確実に伝えられるんだ」

森口「なるほど……。じゃあ、『何を』『どうやって』もそれに合わせて考えるんですね」

千田「飲み込み早いなー。特に重要なのは『どうやって』だ。『誰がどのような場で伝えるか』ということだ。同じメッセージを伝える場合でも、事業部長がいうのと、自分の上司からいわれるのでは違う受け止め方をするし、大勢がいるフォーマルな場で伝えるのと、2人だけのぶっちゃけトークができる場で伝えるのではまったく違うのはわかるよね？」

森口「つまり、ネットにアップすれば終わりってわけじゃないということがいいたいわけですね？」

千田「そう、その通り！　じゃあ、どんな懸念を持っている人がいるかを考えて、何をどうやって伝えるかをひと通り考えよう！」

その後も千田さんとの打ち合わせは続き、結局、事業部内のすべての部署別説明会と管理職向け説明会を行うというプラン変更を森口くんが提案することになりました。

そして、そのことをプロジェクトチームのメンバーに説明したところ、「すべての部署別となると開催数は相当になるけど、大林事業部長の時間を確保できるかな」という懸念が指摘されたのですが……。

ついには、提案者である森口くんが大林事業部長のところに直接お願いに行き、最大限の協力を引き出すことに成功したのでした。

※

部署別説明会の1回目が終わった直後、嬉しそうに笑っている森口くんに千田さんが声をかけました。

千田「森口が大林事業部長を説得してくれたおかげだな。『事業部長から直接話を聞くことをみんなが求めているんです。事業部長がこのプロジェクトをなぜ立ち上げたのかという話をしていただくことで、それならやってみようという気に初めてなるんです』とかって熱く話したんだってな。

以前だったら、『事業部長も忙しいから、ネットでレターを一発出せばいいですよね？』で終わりにしようとしてただろうに、オマエもずいぶん変わったな？」

森口 「今、同期と少しだけ話したら『事業部長と初めて話して、マジ感動した！』っていってたんです。地道なコミュニケーションは効くって実感しましたよ。これでやっとコミュニケーション・ギャップがなんとか埋まるって感じですけどね……」

千田 「そうそう、まだまだ先は長いぞ！　そうだ。今日は、山田とワコちゃんと飲みに行くけど、オマエも来い！」

森口 「そのメンバーは濃すぎて遠慮したいところですが、コミュニケーション担当として、情報を仕入れておかなくてはいけないので、参加します！」

第5章

コト系

「実行」──プロジェクトを遂行する

何を指針に進めていくか『PMBOK® 9つの知識エリア』

ここでは、ステージ2でつくった計画の「実行」を助けるフレームワークとして、モダン・プロジェクト・マネジメントの世界標準である「PMBOK®（ピンボック）」をご紹介します。

プロジェクト・マネジメントに「モダン」という形容がついているのは、PMBOKが考案される以前の「QCD（Quality：品質／Cost：コスト／Delivery date：納期」という3点を中心に考えられていたマネジメント手法と区別するためです。

QCDは「決められた予算内で納期を守り、決められた品質を満たす」という考え方ですが、予測不能なことが多い現代のプロジェクト（特に変革プロジェクト）においては、とてもその考え方だけでは目標達成は難しいでしょう。

ＰＭＢＯＫは、ＱＣＤだけでは管理しきれない大規模で複雑なプロジェクトを管理するために、１９５０年代後半にアメリカの国防総省が体系化したのが始まりとされています。その後、アメリカの非営利団体ＰＭＩ（Project Management Institute）が現代のプロジェクト・マネジメントの遂行に必要な基本的な知識を汎用的な形で体系立てて整理しました。

そのモダン・プロジェクト・マネジメントの知識体系は『A Guide to the

図25 PMBOK® ９つの知識エリア

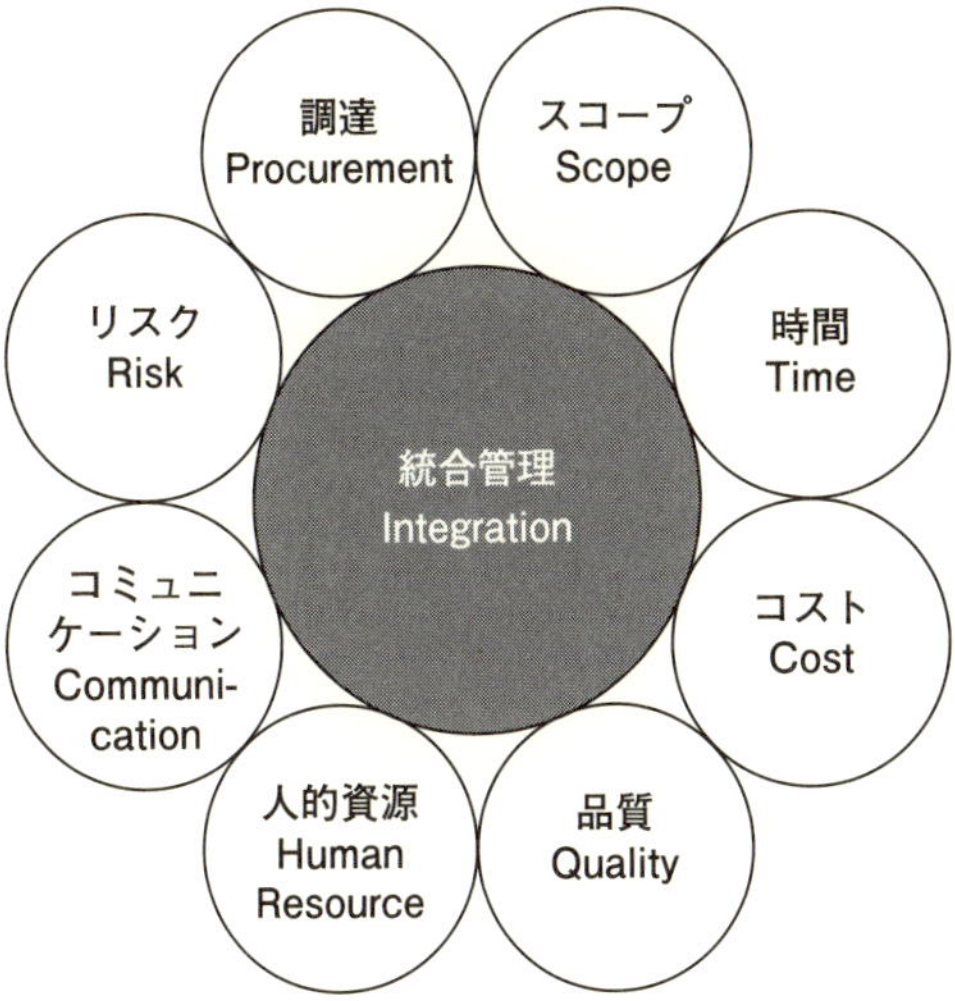

Project Management Body of Knowledge』（ＰＭＢＯＫガイド）という書籍にまとめられていて、事実上の標準として世界中で広く受け入れられています。

そのようなＰＭＢＯＫでは、プロジェクトを遂行する際に、図25の９つの観点でマネジメントを行う必要があるとしています。なお、これらの観点のうち、スコープとは「プロジェクトの目的と範囲」ことです。

これらは、９つの「知識エリア」と呼ばれ、業界を超えた標準知識体系として、プロジェクト・マネジメントの共通概念・用語として活用できるように定義されています。ＰＭＢＯＫの詳細については『ＰＭＢＯＫガイド・マニュアル』（シンシア・スナイダー著／鹿島出版会）などの解説本が出ていますので、そちらをご参照ください（最新の『ＰＭＢＯＫガイド』の第5版では、「コミュニケーション」から独立した「ステークホルダー」が10番目の知識エリアとして追加されている）。

ここで強調しておきたいのは、このような複数の領域（知識エリア）に分けて実行状況をモニタリング（監視）する重要性についてです。

このような複数の領域に分けたモニタリングがなぜ重要かといえば、変革プロジェクトのように大規模で複雑な実行が求められる場合には、「何がうまくいっていて、どこに問題があるのか」をいち早く察知し、手を打つことが成功のために必須だからです。

しかし、関係者が多くなり、プロジェクトが複雑になればなるほど、リーダー個人の感覚やメンバーの申告をそのまま鵜呑《うの》みにしていては、とても状況を把握しきれなくなります。そのような状態を放置していては、気がついたら深刻な問題が生じていて、その解決に多くのパワーをとられるということにもなりかねません。

また、9つある領域をそれぞれ単独でコントロールできることは稀《まれ》です。そのため、「すべてを同時に見て、関連性を考えながら、プロジェクトの舵取りをする」ことが必要になりますが、複数の領域をモニタリングしていれば、事態が深刻になる前に問題を察知でき、対応策を練りやすくなります。

たとえば、スケジュールに遅れが生じている場合には、人的資源の状態を見て、増員を判断したり、スコープが広がりすぎていないかを確認したりといった検証作業を行うことになります。実際に対策を講じる必要性が生じた場合にも、コストがオーバーしないかを考えながら判断しやすくなります。

また、前もってモニタリングの状況が視覚的にわかるような工夫がしてあると、検証から行動までの判断をいち早く行えるようになります。

たとえば、領域ごとに3段階の基準を設定し、「晴れ・くもり・雨」という記号を用いて、それぞれの状況を一目でモニタリングできるようにします（図26）。

スケジュールを例にすると、一切の遅延なしの状態が「晴れ」、3日以内の遅延があるがリカバリー可能な状態が「くもり」、1週間程度の遅延でリカバリーのために増員やスコープ変更などといった対策が必要な状態が「雨」といった具合です。

そして、対策が必要な記号がついた場合には、「対応策といつまでに誰が解決するのか」を決めることで確実にプロジェクトの危機を回避していきます。

この基準値はプロジェクト開始前にあらかじめ決めて、プロジェクトメンバーで合意しておきます。このようにすることで、個人がバラバラの基準で状況を認識するのではなく、共通の基準に基づき状況を把握できるようになります。

もちろん、視覚化の方法は記号に限りません。たとえば、「赤・青・黄色」という信号の色の表現のほか、矢印の向きなど、視覚的に状態が把握できれば、どのように工夫してもかまいません。

重要なのは、一目でモニタリングできることと、人によって異なる判断にならないように合意した基準に基づいて表現することです。

また、「雨」や「くもり」などといったアラームをあげることを隠さずにできる雰囲気づくりも重要です。叱責《しっせき》されないよう悪い状況を隠して、「晴れ」の虚偽報告をしているメンバーがいるようでは、プロジェクトは成功しません。

ＰＭＢＯＫは、困ったらすぐに状況を共有し、全員でコトにあたるためのフレームワークなのです。「聞き心地のよい優等生的な報告のためのものではない」という認識をメンバー全員で徹底して共有してください。

なお、モニタリングする領域は、９つすべてが必須というわけではありません。９つの領域のなかからプロジェクトの内容に応じたものを選択し、基準値を決めたら、プロジェクトの報告会を定期的に開き、モニタリングしていきます。

図26　９つの知識エリアのモニタリング例

管理項目	状況	対応	期日・担当
品質	☀		
コスト	☀		
時間	☁		
スコープ	☀		
調達	☀		
リスク	☁		
コミュニケーション	☁		
人的資源	☂	メンバー交代を検討	7/3 山田
統合管理	☀		

☂ 緊急：即刻方向修正のためのアクションが必要
☁ 警告：状況改善のためのアクションが近々必要
☀ 順調：方向修正のためのアクションは不要

たとえば、物資の供給が不要なプロジェクトなら「調達」はあまり意識しなくても済むため、省略してもよいでしょう。

あるいは、私が以前在職していたコンサルティングファームでは、単に「コスト」ととらえるのではなく、自社のベネフィット（便益）という言い方をしていました。単に金銭的な支出としてとらえるのではなく、「（コストをかけたとこによって）クライアントとの関係性や新たなプロジェクト経験やスキルが自社に蓄積されるかどうか」という点も含めてモニタリングしていたからです。

リスクをどう乗り切るのか『リスクアセスメント』

ＰＭＢＯＫの９つの知識エリアのなかにも「リスク」がありますが、「リスクとどう向き合うのか」はプロジェクトの成否に関わる重要なことです。特に変革などのような大きな変化に挑むプロジェクトの場合、必ずといっていいほどリスクをとる覚悟を求められます。

ここでいうリスクとは、「潜在的に存在するもので、ある一定の条件下で顕在化した場合、プロジェクトにネガティブな影響を与えるもの」のことです。つまり、まだ起きてはいないものの、起きたらとても厄介なことといえます。

起きたら困ることは天変地異などから始まり山ほどありますが、すべてのリスクを同じように考えたらいくら時間があっても足りません。また、リスクには、プロジェクト開始当初からわかっているものだけではなく、実行が進むにつれて見えてくるものもあります。

そのため、プロジェクト・マネジメントの9つの知識エリアのモニタリング同様に、定期的にリスクを洗い出し、リスクをコントロールしていかな

図27 リスクアセスメント・マトリクス

発生した場合の影響 ＼ 発生する確度	低	中	高
大	中程度のリスク	大きなリスク	大きなリスク
中	小さなリスク	中程度のリスク	大きなリスク
小	小さなリスク	小さなリスク	中程度のリスク

くてはなりません。
コンサルタントのリーダーシップ研修では「リスクをどう扱うのか」という考え方や姿勢を重点的に教え込みます。私がコンサルタントとして駆け出しのころに、尊敬する方から、「リスクを避けることは誰でもできる。コンサルタントは、リスクとどう向き合うかで本物かどうかがわかる」といわれたことは今でもよく覚えています。

数あるリスクのなかから対応策をとるべきリスクを見極めるには、「リスクアセスメント・マトリクス」を使います。このリスクとの付き合い方を知るためのフレームワークを理解し、先回りして行動をとれるようになれば、リスクがむしろチャンスとなるかもしれません。

リスクアセスメント・マトリクスは、図27のように縦軸に「発生した場合の影響（インパクト）」をとり、横軸に「発生する確度」をとります。だいたい縦横3段階くらいずつに分けますので、「3×3」なら9つの象限（マス目）ができることになります。

では、リスクアセスメント・マトリクスを活用し、リスクをコントロールする手順をご説明しましょう。

変革プロジェクトに限らず、何事にもリスクはつきもの。リスクにひるむのではなく、リスクを見える化し、アクション（行動）を決めることで、果敢に実行していきたいものです。

❶リスクを認知する

メンバー全員でリスクと思われるものを徹底的に洗い出します。ここで、できる限りのリスクを出し尽くさないと、「想定外」のことが多すぎて、プロジェクトが頓挫しやすくなります。

❷リスクを評価する

リスクアセスメント・マトリクス上に、❶で洗い出したリスクをマッピングしていきます。つまり、「発生したらどれくらい大変なことになるのか」「発生する確度はどれくらいなのか」を議論しながらリスクのタイプ分けをしていきます。

図27では、インパクトと発生する確度が「大・高」「大・中」「中・高」の3つのゾーンを「大きなリスク」としていますが、どのゾーンまで対策が必要かはプロジェクトごとに

しっかりと検討する必要があります。

たとえば、石橋をたたくようにプロジェクトを進めるのであれば、「発生する確度が低くても起きたら大きな影響がある（インパクトと発生する確度が『大・低』）」と判断されたリスクに対しても対策を打つことになります。そうすると、安心感は高まりますが、その分だけ時間と人手、コストがかかることにもなります。

❸ 軽減策を決め、アクションをとる

リスクアセスメントで大きなリスクとして判断されたものに対して、軽減策を検討し、アクションをとります。

リスクに対するアクションには、次にあげた4つのタイプがあります。

Ⓐ 避ける

「もしそのような選択肢があれば」という限定つきですが、よりリスクの低い選択肢をとってリスクを回避するというアクションです。

しかし、リスクの低い選択肢は往々にして効果やスピードの速さが期待できないことも

多く、常にリスクを避け続けることは、特に変革プロジェクトなどの場合には難しいでしょう。

Ⓑコントロールする

リスクの発生原因を知り、その状況をモニターすることで、リスクが顕在化しないようにコントロールします。

たとえば、リスクの発生原因が反対派の人たちの感情にあるとしたら、その人たちの感情をモニターしなくてはなりません。あるいは、発生原因がデータや業務の量に関連しているのであれば、その量をモニターするのです。

モニターの方法や担当を決めて、気がついたら許容範囲の目安である〝しきい値〟を超えていたということにならないよう、注意深くモニタリングする必要があります。

Ⓒ織り込む

想定されるリスクを織り込み済みにした計画をつくり、実行するというアクションです。

アクション映画のなかで、主人公が危機に陥った時に、「プランBに変更」というシーンを見たことがありませんか？　プランBとは、最優先のプランAの実行中にリスクが顕在化して危機的状況になった場合に備えて、あらかじめ用意しておく代替計画です。

難しい状況や不確実性が高い状況で行われることも多い変革プロジェクトなどでは、リスクが現実になることを計画に織り込みつつ、果敢に実行するという姿勢も必要です。

Ⓓ委譲する

リスクが高い領域であるうえに自分の専門外の仕事である場合には、専門家に任せて責任を分担してもらったり、アドバイザーとして関与してもらったりして巻き込みます。

また、一人では対処できないリスクがある仕事の場合には、担当者を複数にして分担して対処したりします。

リスクをともなうプロジェクトは冒険の旅のようなもの。心強い道連れや道先案内人がいれば、危険を回避できる確率が高まります。

第6章 ヒト系 「展開」――変化を拡大・浸透させる

人の心をどう動かすか『変革受容モデル』

「ステージ3のポイント」でも述べましたが、変革などのプロジェクトにおける「感情」は、通常のビジネスにおける売上や利益などと同様に、その変化をしっかりとモニターすべき指標です。

事（コト）を起こしただけでは、人（ヒト）の感情はついてこないからです。次のような考え方は感情を軽視した思い込みでしかないことを、ここできちんと確認しておいてください。

- 新しい方針を発表すれば、すぐに理解して実行される
- 組織を新しくつくれば、うまく機能して、勝手に成果が出る
- 評価の低い人を辞めさせてリストラが終われば、残った人はこれまでと変わらず効果的に動く
- 新しい業務プロセスやシステム、制度が導入されれば、すぐに効果が出る
- 客観的な分析を伝えれば、危機感が芽生える
- よいポストや報酬を与えれば、忠誠心が芽生える

じつは、「はじめに」で紹介したかつての若かりしころの私も、少なからずそのように考えていたところがありました。「この計画を実行しなかったら、業績が悪くなるのは自明なのだから、やらない理由がわからない」と本気で思っていたのです。

今から考えてみれば、「なぜ変革しなくてはいけないのか」という理由を相手が納得するように伝えたり、計画が目指していることの意味・意義をきちんと伝えたりする努力を怠っていたといえます。

第3章で「時には『悪い記憶』も滞留している」ということを書きましたが、変革などのプロジェクトがすべての企業や組織で同じように進まないのは、この滞留している記

憶（残存記憶）があるからなのです。この残存記憶を無視して単純に前向きなメッセージだけを発信しても、プロジェクトが空回りするだけです。

手痛い失敗や倦怠感が記憶として残っている企業や組織においては、プロジェクトのなかで早い段階から成功感を醸成していき、残存記憶を上書きして、「今度こそできそうだ」という気持ちにする必要があるのです。

残存記憶（思い込み）を排除し、人の心（感情）に訴求し、事を成し遂げるには、図28にあげた「変革受容モデル」に基づいて、プロジェクト参加者の感情や期待値をきちんと管理してい

図28 変革受容モデル

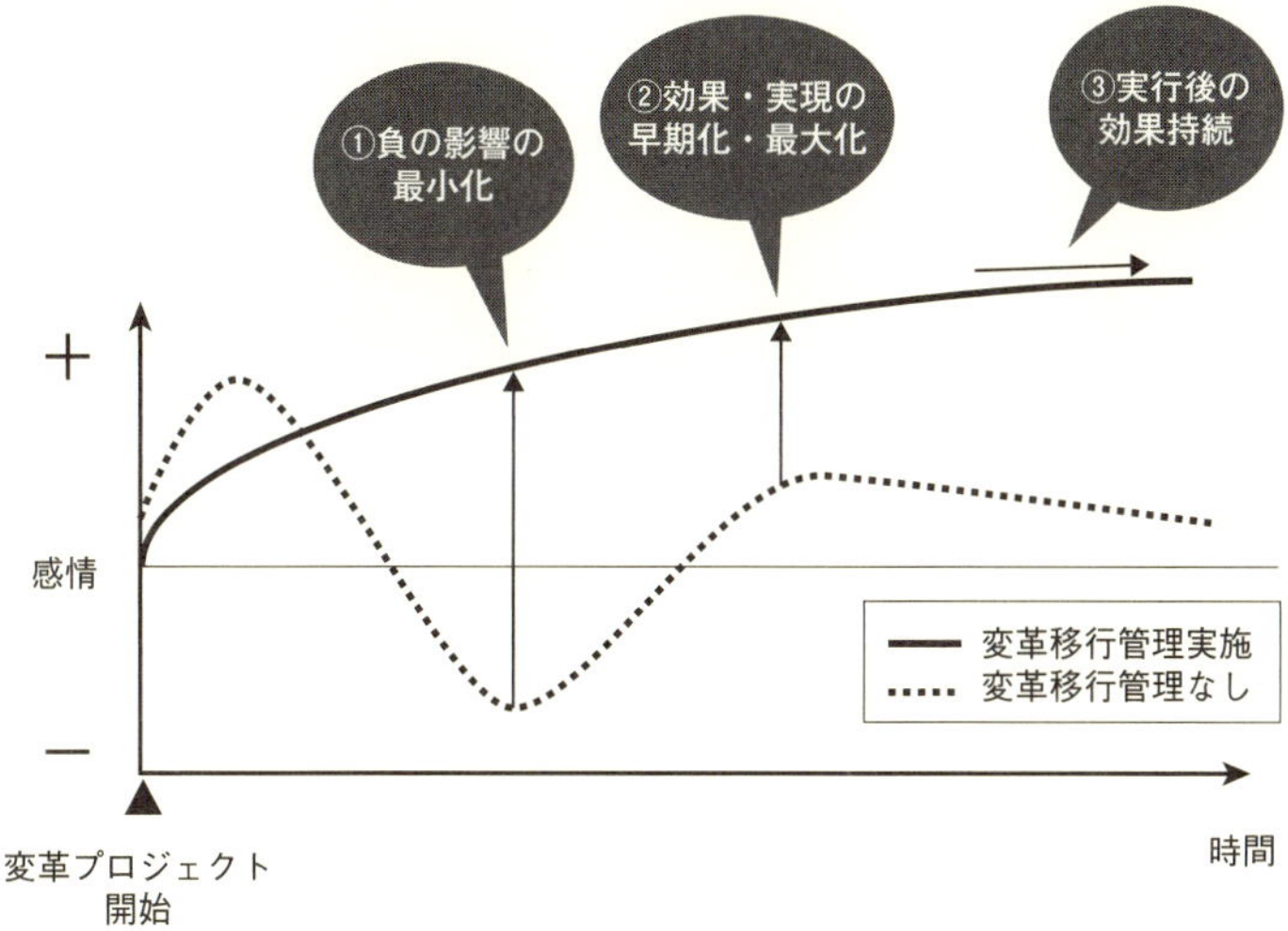

かなくてはなりません。

そのような管理手法のことを「変革移行管理」と呼んでいますが、変革移行管理を実行して目指すのは、図28の実線のようなパターンです。一方、図28の点線は変革移行管理をしない場合に起こりがちな人の感情の動きのパターンを示しています。

まず、悪い例（点線）を見てください。初めに変革が告げられると、人々は自分の都合のよいように勝手に期待感を募らせるため、曲線が一時的に高くなっています。しかし、徐々に変革の実態がわかってくると期待が失望に変わり、実行段階に入っても士気が上がらず、変革の効果そのものが低くなってしまっています。

そのような不安定な人の感情を、変革移行管理を行うことで理想的なカーブ（実線）へと変化させていかなくてはなりません。その際のポイントは、次にあげた3つです。

①過剰な期待や失望をさせず、マイナス感情を最小化させる
②変革の効果が迅速に出るように、受容度を早期に高める
③実行後に定着するように、プラスの感情を持続させる

これらは一見すると、難題のように思えるかもしれません。でもじつは、これらを実践

しやすくするために考え出されたフレームワークがすでに存在するのです。

それが、図29の「変革受容ステータス（変革受容度）」です。これは変革受容モデルの理想的なカーブをより細分化して、「感情がどのような状態（ステータス）を経て上がっていくのか」をとらえられるようにしたフレームワークで、①から⑥へと順に上がっていく各ステータスを書き出すと、次のようになります。

①興味・関心……………なぜ変わらなくてはいけないのかを知る
②理解…………………変革による影響を理解する
③ポジティブ志向………変革をチャンスと認識する
④参加意識………………変革に関わりたいと思う
⑤実行……………………自ら行動する・できる
⑥当事者意識……………新しい環境で自律的に活動する

ポイントは各ステータスを①と②、③と④、⑤と⑥の3グループに分けて、変革受容度を徐々に上げていくことです。そして、それらのステータスを上げていくために、次にあげた3つのギャップを埋めていきます。

この3つのギャップを埋め、変革受容ステータスを上げていくための手法（コミュニケーション・フレームワーク）は次節でご紹介しますので、ここではまずそれぞれのギャップの特徴を把握してください。

❶ コミュニケーション・ギャップ

「わからない／知らない」状態を「そうか、なるほど、わかった」という状態にすることで、コミュニケーション・ギャップが埋まり、変革受容ステータスの「①興味・関心」「②理解」がクリアされます。

このギャップがあるということは、

図29 変革受容ステータス（変革受容度）

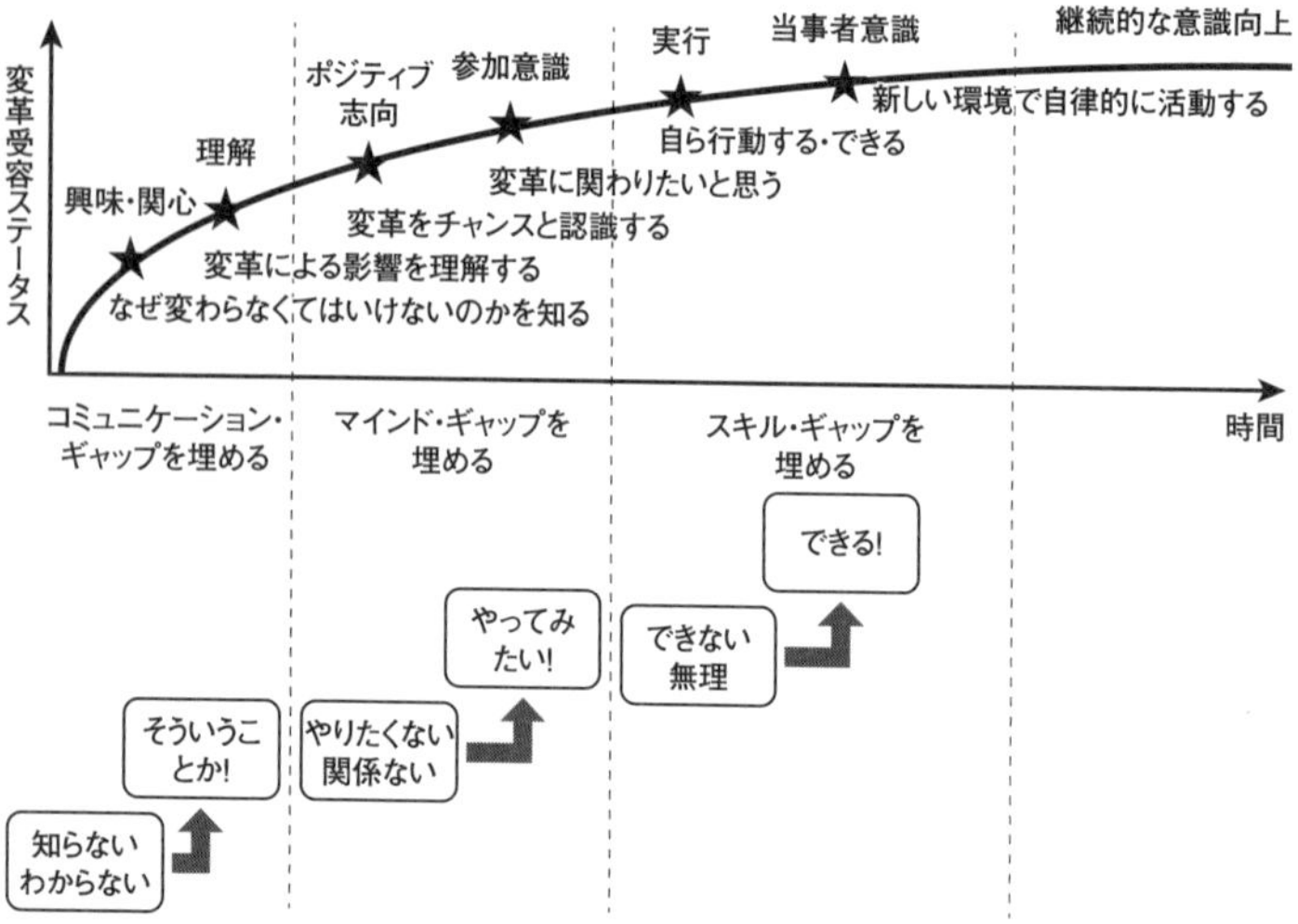

変革の意義がきちんと伝わっておらず、相手は「そもそも何が起ころうとしているのかを知らない」という状態にあります。場合によっては、直接伝えられていないことに対し、「聞いてないし……」とシニカルになっていることもありえますし、特に悪いところはないと慢心している場合もあります。

このギャップを軽視すると、変革スイッチが入りきらず、途中であきらめたり、保身に走ったりする人が出てくるため、気合を入れてギャップを埋めていきましょう。

なかには、自分のこれまでの判断のまずさを隠すために、現状の悪さ加減をいわずにプロジェクトを始めようとする経営者もいます。しかし、現状をしっかりと認識できなければ、プロジェクトに関わる人たちが「このままでも大丈夫」と誤った現状認識を持ってしまいかねません。

「なぜ変わらなくてはならないのか?」というメッセージを徹底的に伝えて、相手が「そういうことか!」と得心するまで、コミュニケーション・ギャップを埋めていく必要があるのです。

されます。

❷マインド・ギャップ

「やりたくない」という気持ちを「やってみたい」という状態にすることで、マインド・ギャップが埋まり、変革受容ステータスの「③ポジティブ志向」「④参加意識」がクリアされます。

このギャップがあるということは、変革しなくてはならないことが頭ではわかっても、「やりたくない」「自分には関係ない」とマインド（気持ち）が前向きになっていない状態です。序章で「変わりたくない理由」の例をいくつかあげましたが、それらのなかにも多くのマインド・ギャップの現象が見られます。

たとえば、「一度もやったことがない」「前にやったけどだめだった」「そういうのはうちのスタイルには合わない」「自分にはメリットない」「今より大変になるだけ」「現実的じゃない」「（自分が主役じゃないので）おもしろくない」など……。

特に、過去に失敗した記憶が組織に残っている場合には、「どうせやってもまた失敗だからやりたくない」と強硬に反対してくる人たちが出てくる可能性があります。

そのような心に渦巻く多くの疑念や懸念を無視せずに向かい合い、応えていくことで「それならやってみたい！」というマインドになるまで、マインド・ギャップを埋めていく必要があるのです。

❸スキル・ギャップ

「できない」という状態を「これならできる」というところまで持っていくことで、スキル・ギャップが埋まり、変革受容ステータスの「⑤実行」「⑥当事者意識」がクリアされます。

このギャップがあるということは、一度は「やってみたい」という前向きな気持ちになり、踏み出そうとしてみたものの、実現したいことと個人的・組織的能力のギャップを実感してしまい、「やっぱりできそうにない……」と尻込みしてしまっている状態です。

疲労感やあきらめが蔓延《まんえん》し、「最初から無理な計画だった」もしくは「リーダーの責任問題を問う」などネガティブキャンペーンが始まるなど　混乱の一歩手前にまでいってしまう場合もあります。

しかし、そこで「どうしてできないんだ！」と乱暴に投げ出してしまっては終わりです。「どうやるのか」を丁寧に伝えて、個人的にも組織的にも能力を高めていかなくてはなりません。時には、業務・役割別にきめ細かくフォローしたり、一緒に実践したりすることで、「これならできる！」という自信や高揚感、一致団結の気持ちが芽生えるところまで、スキル・ギャップを埋めていく必要があるのです。

人の心にどう届けるか『コミュニケーション・フレームワーク』

前節でご紹介した3つのギャップを埋めて、変革受容ステータスを上げていくためには、「コミュニケーション・フレームワーク」を使って、「オーディエンス／Audience（誰に）」「コンテンツ／Contents（何を）」「チャネル／Channel（どうやって）」伝えるかという3つの組み合わせを考えていく必要があります（図30）。

この3つの組み合わせを意識していないと、コト系（コンテンツ）中心の安易な発想になりがちです。たとえば、メッセージをWebサイトで発表すれば全員に行きわたるはずだというような発想です。まさにストーリーの森口くんがそのように考えていました。

しかし、そのような発想では、たとえ全員がWebサイトを見たとしても、その人が反発を持つかもしれないなどの可能性に対応できません。

厳しいようですが、「見ていないほうが悪い」のではなく、「伝えられないほうが悪い」のです。

実際のところ、きめ細かなコミュニケーションを構築していく作業は、森口くんも当初感じていたように、地味で面倒な作業です。しかし、コミュニケーションに費やした時間が、プロジェクトの成功確率を確実に上げてくれるのです。

なにも、ケネディ元大統領やスティーブ・ジョブズなどのような、何万人、何千人という大勢のオーディエンスを一気に魅了し熱狂させるプレゼンテーションを求めているわけではありません。そのような雄弁さよりも、

図30 コミュニケーション・フレームワーク

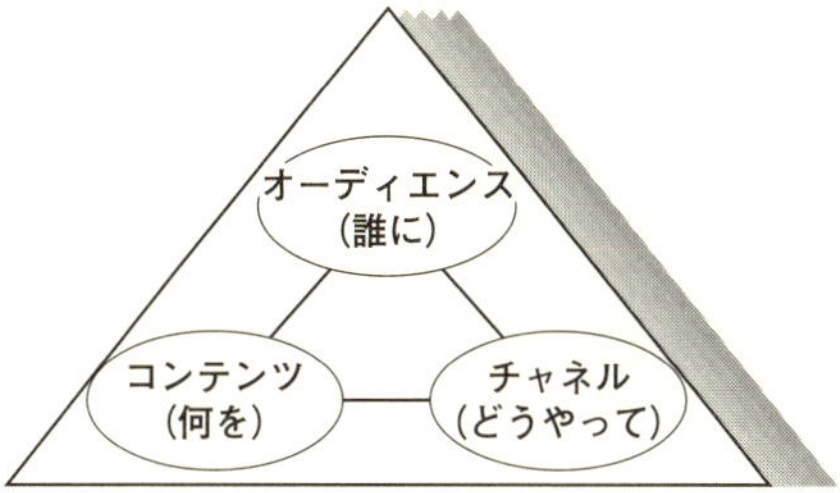

	Before	After
コミュニケーション	「わからない」	「そういうことか」
マインド	「やりたくない」	「やってみたい」
スキル	「できない」	「できる」

誰に(オーディエンス)、何を(コンテンツ)、どうやって(チャネル)の組み合わせの数を増やしていくことで、より多くのオーディエンスの「コミュニケーション」「マインド」「スキル」を変えていく。

真摯《しんし》に一人ひとりのオーディエンスと向き合い、その人が変革に重要な存在であることを伝え、どれほど期待しているかを理解させる地道なコミュニケーションが大切なのです。

つまり、「オーディエンス」「コンテンツ」「チャネル」という3つの組み合わせをどれだけきめ細かくつくれるかが勝負といってもよいでしょう。

これからお伝えする「コミュニケーションデザイン」の手法は、伝えるべきことを伝えきり、変革受容ステータスを当事者意識まで持っていくためのものです（図31）。

手間のかかるところも確かにありますが、行き当たりばったりで説明会やWebサイト上での告知を行うのでは得られない効果があります。地道な作業なだけに、その効果を実感できた時の喜びはひとしおです。

制度やシステム、組織などはある意味、経営トップが変えようと思えば、力技で「エイヤ」と変えられます。しかし、人の感情が変わるには、これくらいのきめ細やかさが必要だと意識して、コミュニケーションを考えてください。

では、「オーディエンス→コンテンツ→チャネル」の順で、コミュニケーションをデザインしていく手順を見ていきましょう。

それぞれでマップを作成し、最後に統合して「コミュニケーションマップ」をつくり上げます。なお、ここでいうコミュニケーションマップとは、注力すべきオーディエンスの

図31 コミュニケーションデザイン（全体像）

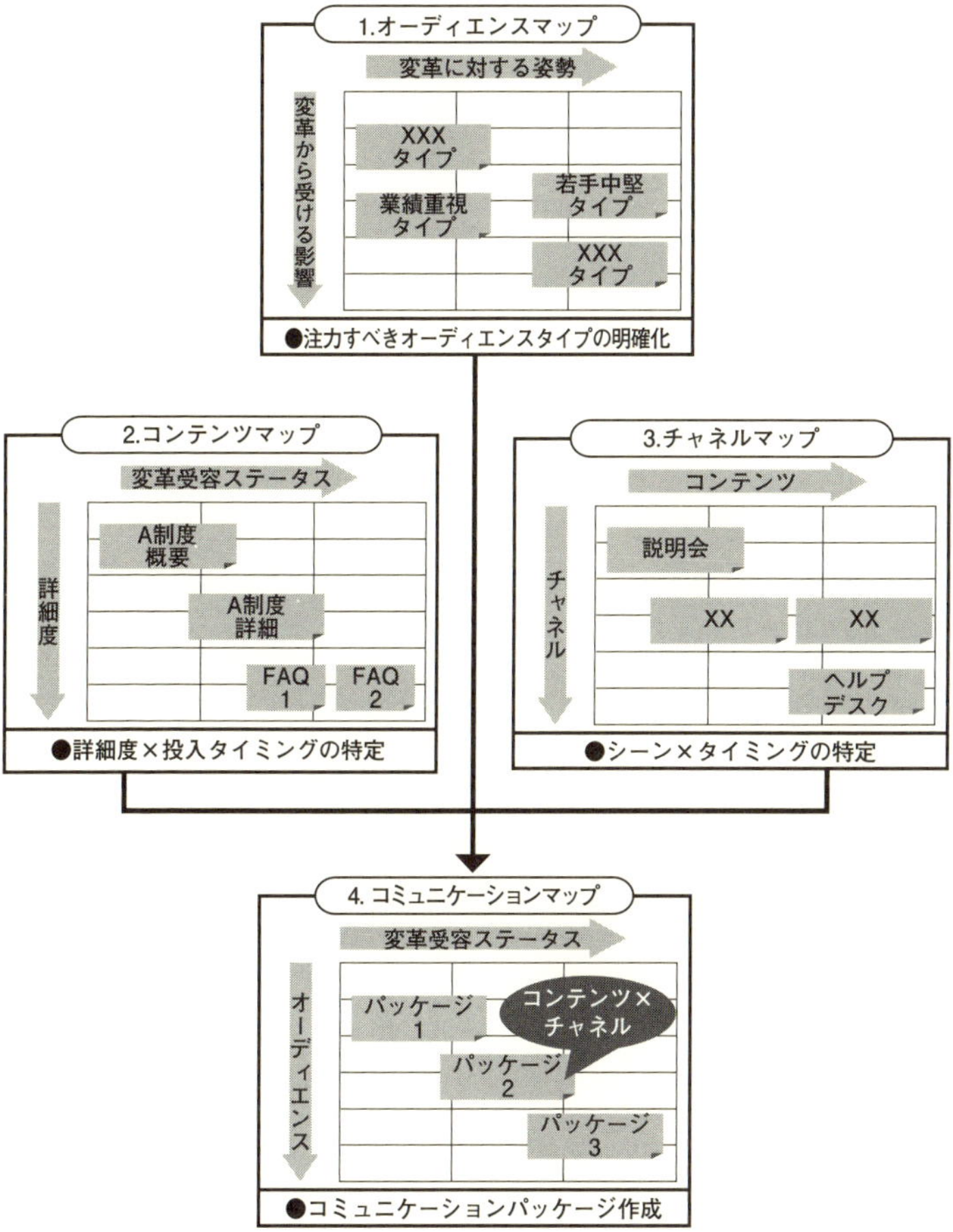

オーディエンスのタイプごとに、効果的なコンテンツの投入タイミングとチャネルとの組み合わせを「コミュニケーションマップ」に整理し、複数のコミュニケーションパッケージを作成していく。

タイプを明確化したうえで、効果的なコンテンツの投入タイミングと使うチャネルの組み合わせを一覧できるようにしたもののことです。

❶ オーディエンスマップ

変革受容ステータスを上げていくと一口にいっても、影響を受ける人全員が同じ状態にあるわけではないため、コミュニケーションを変えていく必要があります。

たとえば、あるオーディエンスは、あまり理解ができておらず、コミュニケーション・ギャップのところでつまずいてしまっているかもしれませんし、理解が早かった別のオーディエンスが、変革受容ステータスを上げていく途中で非常に大きいマインド・ギャップをいだく可能性もあります。

コミュニケーションの鉄則は、オーディエンスを特定し、その興味・関心（特に懸念）に沿ったメッセージを伝えていくことに尽きます。興味・関心に合っていないメッセージをいくら届けられても、ギャップは埋まらず、変革受容ステータスはなかなか上がっていかないのです。

そのため、まず、図32のような「オーディエンスマップ」を作成し、どのようなオーディエンスがいるかを把握しなくてはなりません。

このマップは、一見すると、ステークホルダーマップと似ています。しかし、ステークホルダーマップは「変革への影響力」で分類したのに対し、このオーディエンスマップは「変革から受ける影響」で分類していくところが違います。

オーディエンスを「変革から影響を受ける人々（チェンジターゲット）」ととらえ、「変革から受ける影響」と「変革に対する姿勢」でマッピングすることで、次項の「コンテンツマップ」でコンテンツを検討する際の参考材料とします。

図32 オーディエンスマップ

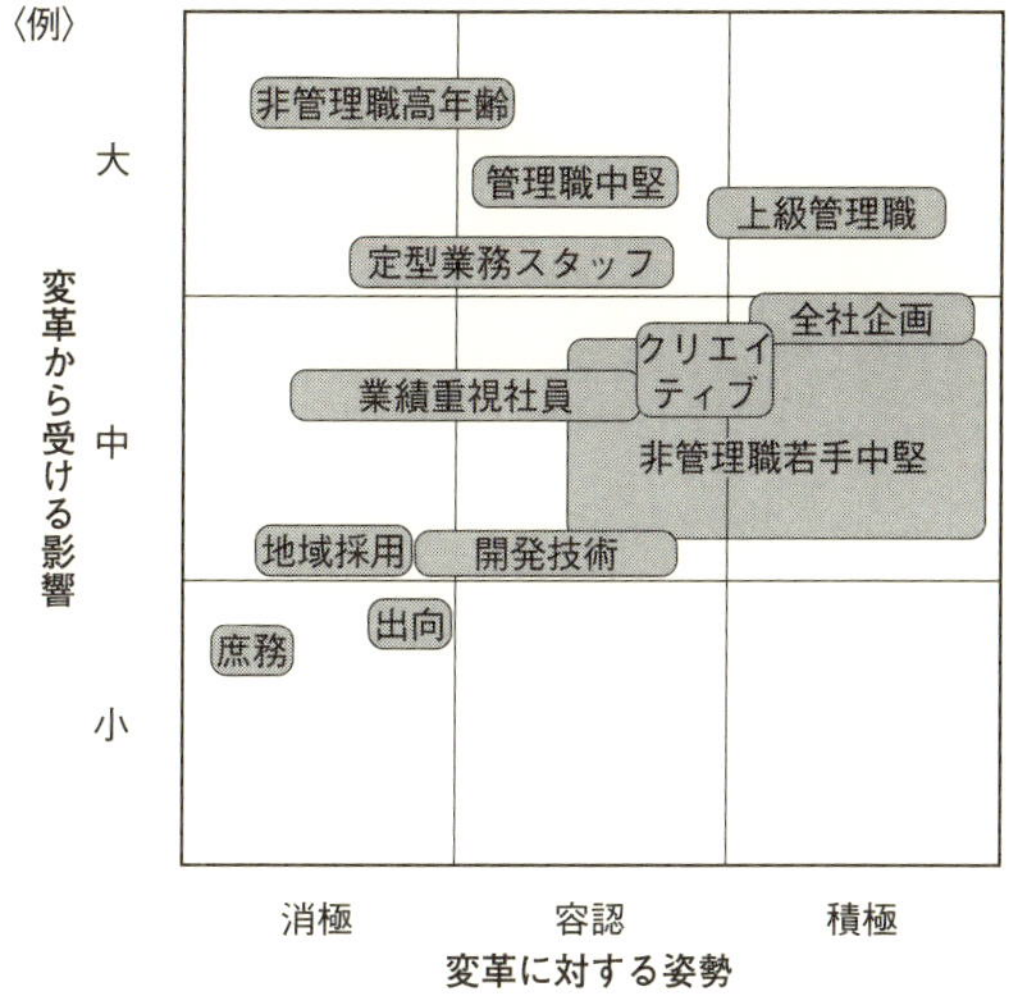

なぜなら、オーディエンスは常に「それは私にとってどういう意味があるの？」と考えるからです。「○○します。こうなります」というふうに伝えるだけでは不十分で、「これは、あなたにとって○○という意味があります」というところまで踏み込んで、コンテンツやチャネルをデザインしなくてはならないのです。

オーディエンスは常に「(そのプロジェクトなどから)自分はいったいどういう影響を受けるのか」という懸念をいだいていると思って間違いありません。

オーディエンスマップ上には、オーディエンスの個人名を置いていってもいいですし、オーディエンスの数が多い場合には、オーディエンスをグループに分けてもいいでしょう。

オーディエンスをどのようなグループに分けるかは、変革の内容によって異なりますが、「相手がどんな懸念を持っているか」を考えていくとよいでしょう。

グループ名は、たとえば、「非管理職で高年齢スタッフ系社員」「非管理職で専門職」「キャリア志向の女性社員」「産休・育休明けで時短適用の女性社員」などのように、役職、属性などをいくつかを組み合わせることでより具体的なものとなり、「どんな懸念を持ったグループか」を特定しやすくなります。

このほかにも、グループ分けの手がかりになる分類としては、「キャリア志向か家庭志向か」「グローバル志向かローカル志向か」「幹部候補か現場たたき上げか」「不燃型か自燃型か」などがあります。懸念という言葉からは、変革から受けるネガティブな影響を連想しがちですが、その反対側には、同じことをポジティブにとらえる人たちもいることを覚えておくと、グループ分けをより一層しやすくなるでしょう。

きめ細かなコミュニケーションを実現するには、部署や役職にとどまらない切り口でオーディエンスの懸念をとらえる必要があるのです。

❷コンテンツマップ

オーディエンスマップでオーディエンスの特徴を把握したら、図33のような「コンテンツマップ」を使って、「前述した3つのギャップを埋め、変革受容ステータスを上げていくには、どのようなコンテンツ（メッセージやデータなど）を提供すればいいか」を検討（デザイン）していきます。

オーディエンスのタイプを意識しながら、相手に応じて情報量や表現を変えなくてはなりません。コミュニケーションは、一律の情報を提供して終わりではないのです。

コンテンツマップは、まず、横軸に「変革受容ステータス」を並べます。縦軸には「情報の詳細度」が入りますが、変革受容ステータスが上がっていくにつれて、コンテンツの内容は概要から詳細な情報へと変化していくように考えるとよいでしょう。

変革に対する理解と共感を染みわたらせるためには、段階的に伝達内容をデザインしていかなくてはなりません。焦ってたくさんのことを伝えすぎないようにし、変革受容ステータスの高まりに合わせて、概要から詳細まで丁寧に伝えていくべきです。初めから詳細すぎる情報を出してしまうと、細部に目がいってしまい、変革の本質が十分に理解されないこともあるからです。

オーディエンスは「どうしてこう決まったのか」という経緯にも納得したいという気持ちも持っています。特に初めの興味・関心や理解のステータスでは、突然「こうなりました」と伝えるのではなく、背景や経緯も納得してもらえるよう念入りな準備が必要です。ここでボタンのかけ違いが生じた場合、後々まで引きずることもあります。

また、コンテンツマップを検討する際には、情報を発信する側と受け取る相手（オーディエンス）では、もともと持っている知識や情報量が異なることにも気をつけましょう。その結果、課題を見る目にギャップが生じている可能性があります。

情報発信側にとってはずっと検討している目新しさを感じない内容であったとしても、

オーディエンスにとっては重要な意味を持つ情報かもしれないという可能性を常に意識しながら、コンテンツを検討する必要があります。

コンテンツは、単に必要な情報を伝えれば十分というようなものではありません。変革受容ステータスを上げるには、オーディエンスが「大切にされている」という実感を持てるような工夫も必要です。

たとえば、新社屋・工場への移転などがある場合には、単に移転スケジュールを伝えるのではなく、新社屋の内装や近隣情報などをニュースレターでレポートするなどします。

そうすれば、「新環境はどんなとこ

図33 コンテンツマップ

〈例〉

ステータス／詳細度	興味・関心	理解	ポジティブ志向	参加意識	実行	当事者意識
概要	背景必要性					
↓	目指す姿	制度骨子				
↓	制度検討経緯	制度概要	変革Before/After	移行方針ロードマップ		
↓		現行制度との違い	効果	移行における役割	オペレーション概要	パイロット実施報告
↓			制度詳細			
↓			制度 FAQ		オペレーションマニュアル	
詳細					オペレーション FAQ	

ろなんだろう？　過ごしやすいところだろうか？」という懸念や不安を軽減することもできます。もし新環境が現状と比べて劣る環境だとしても、丁寧に伝えられた場合と、何も聞かされず「初めて行ってみたらひどかった」というのでは、受け止め方が違います。

加えて、コンテンツを作成する際には、通常のビジネス文書以上に人や組織の名前に十分な注意を払ったほうがよいでしょう。

たとえば、通達に自分や組織の名前がないと、さまざまな意味づけをして妄想し、不安になったりするからです。作成する側は単なるミスだったとしても、「忘れるくらいだから、自分は優先順位が低いのだ」などと勘ぐってしまうのです。

また、いくつか例をあげるのであれば、その例を選んだ理由や意味づけを「上位3つの部門」などと付け加えるようにしたほうがいいでしょう。特に変革などのプロジェクトが行われている最中は疑心暗鬼になりがちなので要注意です。

❸チャネルマップ

「誰に（オーディエンス）」と「何を（コンテンツ）」が決まったら、図34のような「チャネルマップ」を使って、「どうやって伝えるか（チャネル）」を検討（デザイン）していき

図34 チャネルマップ

〈例〉

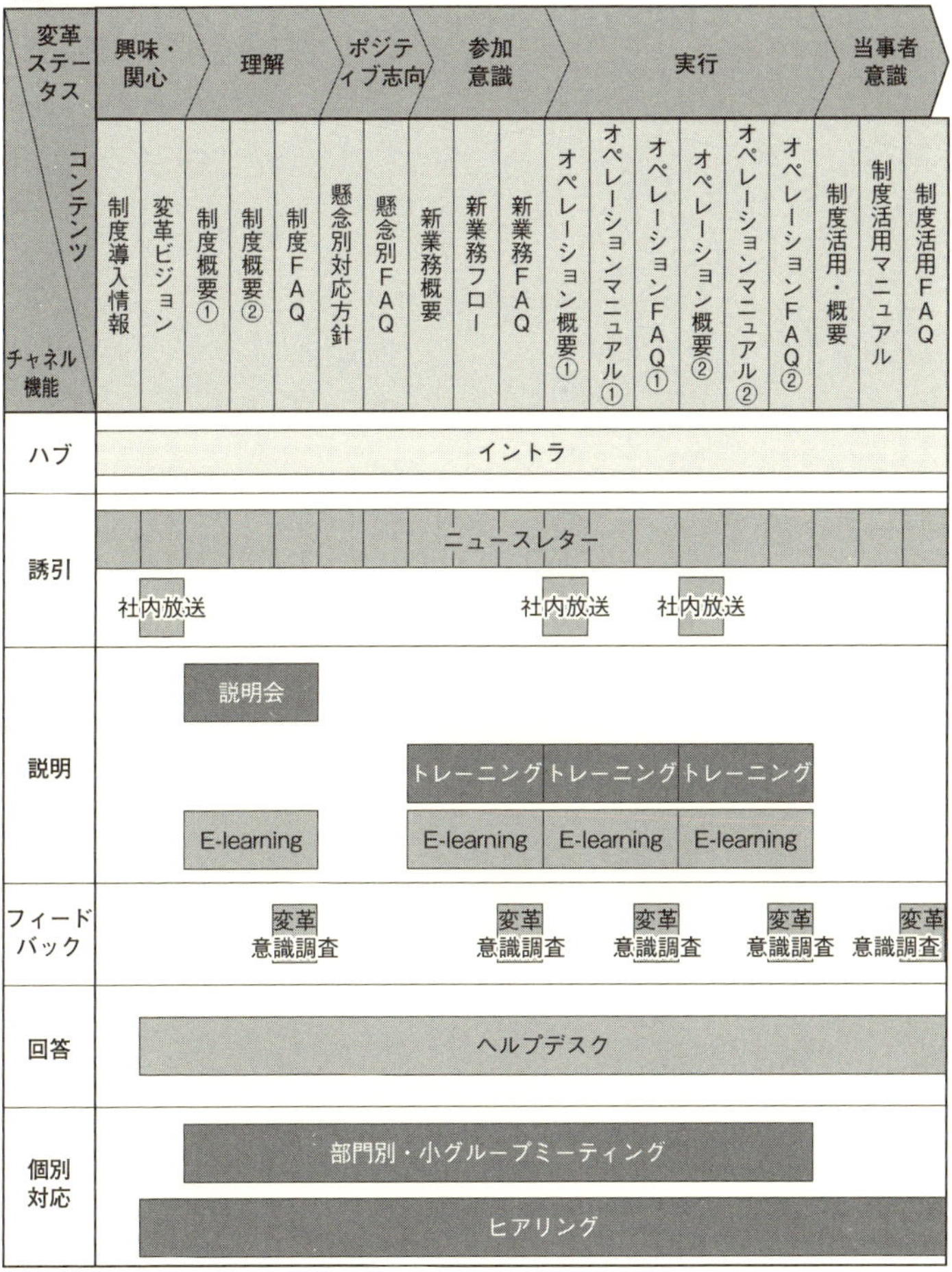
変革ステータス
興味・関心
理解
ポジティブ志向
参加意識
実行
当事者意識
コンテンツ
チャネル機能
制度導入情報
変革ビジョン
制度概要①
制度概要②
制度FAQ
懸念別対応方針
懸念別FAQ
新業務概要
新業務フロー
新業務FAQ
オペレーション概要①
オペレーションマニュアル①
オペレーションFAQ①
オペレーション概要②
オペレーションマニュアル②
オペレーションFAQ②
制度活用・概要
制度活用マニュアル
制度活用FAQ
ハブ
イントラ
誘引
ニュースレター
社内放送
社内放送
社内放送
説明
説明会
トレーニング
トレーニング
トレーニング
E-learning
E-learning
E-learning
E-learning
フィードバック
変革意識調査
変革意識調査
変革意識調査
変革意識調査
変革意識調査
回答
ヘルプデスク
個別対応
部門別・小グループミーティング
ヒアリング

ます。

チャネルマップの縦軸には「チャネルの機能」が入ります。このチャネルの機能については、図35の「チャネルフロー」をご覧ください。縦軸に「誘因」「説明」「フィードバック」「回答」「個別対応」が並び、それらの横に「ハブ（活動の拠点）」とありますが、この6つがチャネルの機能にあたります。

じつは、チャネルマップをつくるには、その準備として、「チャネルフロー」を使って、メッセージや施策などの情報を伝える流れを考えておく必要があります。おおよその機能とチャネルの組み合わせを図示してありますので、これを参考にしながら、機能ごとに「イントラネット」「ニュースレター」「説明会」「変革意識調査」「ヘルプデスク」「グループミーティング」などといったチャネルをある程度選んでおくのです。

一方、チャネルマップの横軸には、コンテンツマップで検討した順番に「コンテンツ」を並べます。コンテンツの上には「変革受容ステータス」を添えると、よりわかりやすくなるでしょう。

つまり、チャネルマップでは、オーディエンスの変革受容ステータスに対応させながら、どのチャネルを使って、どのようなコンテンツを流していくかを検討するのです。

たとえば、「イントラネット」を入り口とし、「説明会」後の「意識調査」の結果によっては、疑問を持ったオーディエンスを「ヘルプデスク」に誘導するなどというように組み立てていきます。

ここで注意していただきたいのは、チャネルには「誰から」と「どんな場で」という要素も含まれるという点です。「誰から、どんな場で、どうやって」という伝え方の組み合わせ

図35 チャネルフロー

〈例〉

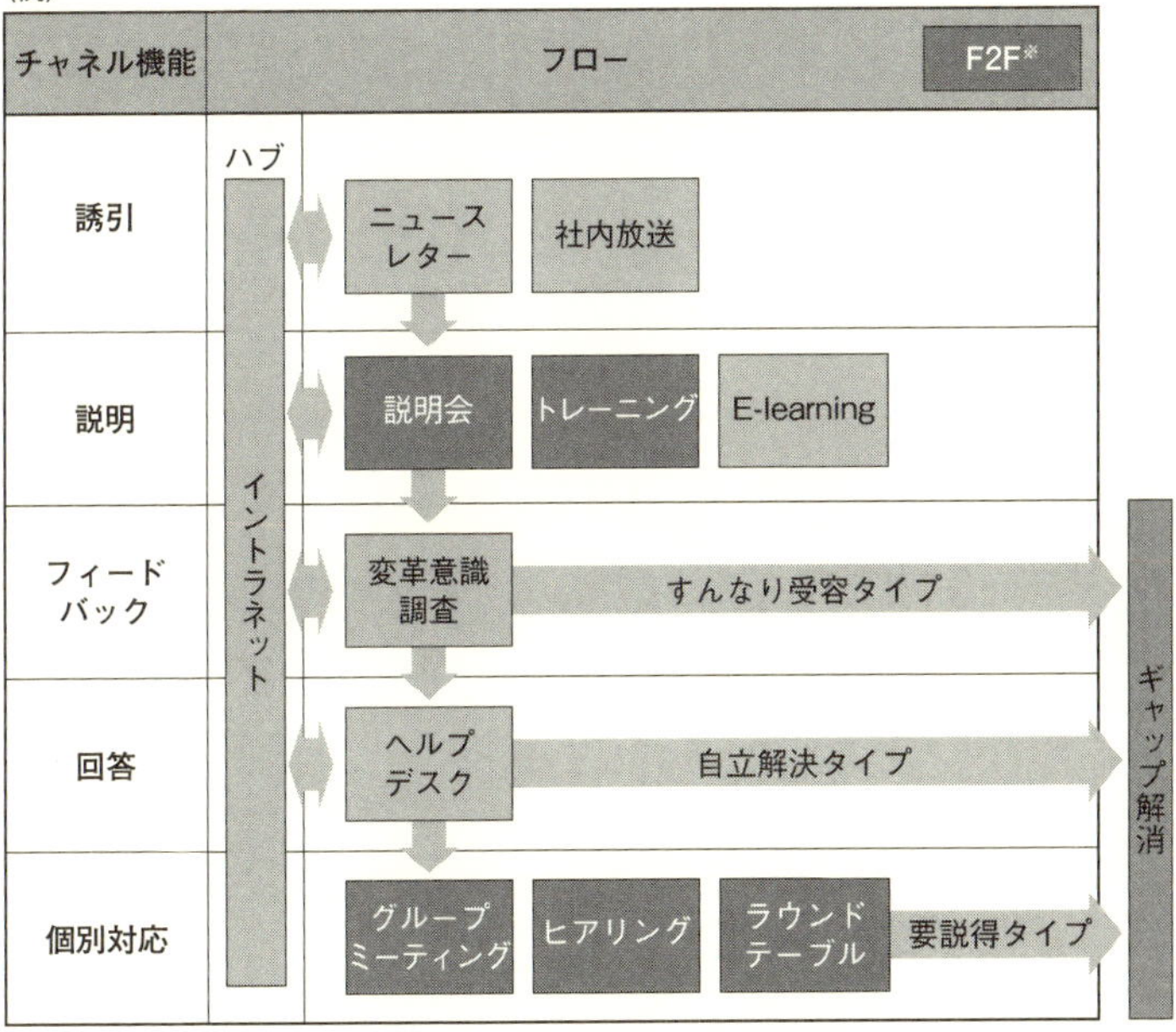

「変革メッセージや施策などの情報をどのように伝えるのか」の流れを設計する。
機能に合わせてチャネルを割り当て、すべての情報を統合する「ハブ」も準備する。

（※：フェイス・トゥ・フェイス〈F2F〉で行うものは色を変えて表示するとわかりやすい）

まで検討して初めて、メッセージを確実に浸透させることができるからです。

図36をご覧ください。これは「チャネルの種類」を説明した図で、「(直接対面で伝える)フェイス・トゥ・フェイスチャネル」と「それ以外のチャネル」があることを示しています。それぞれについて、どのようなチャネル（方法）があるかを一覧にしてありますが、より重要なのはフェイス・トゥ・フェイスチャネルです。

また、同じフェイス・トゥ・フェイスチャネルを使ったとしても、「誰から伝えられるのか」によって受け入れられ方が違います。多くの人は「自分が信頼する人から重要な情報を直接聞きたい」と考えるものだからです。

たとえば、フォーマルな全社員集会などで社長が全員に向けてスピーチするのと、懇親会などといったインフォーマルな場で現場の人と腹を割って語り合うのとでは、伝わり方がまったく異なります。ある企業統合の変革プロジェクトでは、経営トップがオーディエンスとのコミュニケーションに３０００時間近い時間を費やしました。それほどまでに「誰から伝えるか」は重要です。

また、フェイス・トゥ・フェイスチャネル以外のチャネルでは、細やかな対応に限界があります。たとえば、重要な発表を金曜日の夕方にイントラネットで発表したら、詳細を確認することもできず週末を過ごして、不安がいたずらに増長していく恐れがあります。

重要な発表はなるべく月曜日に行うようにすれば、次の週末までにまだ4日あり、問い合わせやトラブルがあった場合にも「ヘルプデスク」などで十分な対応をとりやすくなります。また、影響を受けるオーディエンスには直属の上長などから事前に対面で発表内容を伝えるようにすれば、その場で内容を確認したりし

図36 チャネルの種類

フェイス・トゥ・フェイス(F2F)チャネル

●相手の数が1人か複数人か、伝える場所がフォーマルかインフォーマルかで4つの種類に分類できる

	個人	複数人
フォーマル	●個別相談会 ●インタビュー	●全社員集会 ●説明会 ●トレーニング
インフォーマル	●ヒザ詰め談議 ●個別フォローアップ	●イベント ●合宿 ●懇親会 ●ラウンドテーブル

フェイス・トゥ・フェイス以外のチャネル

●コミュニケーションが一方向か双方向か、用いる媒体が電子か非電子かで4つの種類に分類できる。

	一方向	双方向
電子	●インターネット・イントラネット ●動画配信 ●E-learning など	●チャット ●メール ●SNS など
非電子	●社内報 ●グッズ ●ポスター ●外部メディア(新聞・冊子など) など	●目安箱・投書箱 ●意識調査 ●アンケート など

情報を「誰から」伝えるのかも重要な要素。多くの人が「自分が信頼する人から重要な情報を直接聞きたい」と考えている点を踏まえ、誰がどのチャネルを使って伝えるかをきめ細かに考えなくてはならない。

て、余計な懸念を払拭しやすくなります。

自分に影響があることを関係ない他人から聞いた時のショックや疎外感は想像できるにもかかわらず、忘れがちなことでもあります。プロジェクトにおいて重要なのは、オーディエンスに「既決感」を与えないことです。

既決感とは、自分の関係ないところで既に物事が決まってしまい、動いていて止められないという「あきらめ感」のことです。既決感を一度いだいてしまうと、変革に最も重要な参画意識が持てなくなってしまうのです。

重要なことを伝える際には、「集まるのは忙しくて無理だから」とメールなどに頼らず、緊急ミーティングを開催して直接伝えるべきなのです。

話す側の注意点として、メッセージの統一を常に徹底しなければなりません。何度も話していると、自分が飽きてくることもありますが、話す度に内容を変えたり、省略したりしてはいけません。なぜなら、相手はあくまでも初めて聞くからです。

複数のリーダーや経営陣でコミュニケーションする場合でも鉄則は、「ワン・メッセージ、ワン・ボイス（One Message, One Voice）」です。一貫性と熱意を保つ必要があります。ぶれない一貫性によって、人々はプロジェクトを牽引《けんいん》するリーダー陣が一枚岩であると知り、安心するのです。

同じメッセージでよいなら、動画や音声で再生すればと思うかもしれませんが、録画や録音では魂の注入はできないのです。何度でも同じ話を同じ情熱を持ってすると覚悟すること。その熱意がなければ、人は動かせないのです。

また、メッセージを発する人の〝人となり〟もチャネルを構成する重要な要素の一つです。たとえメッセージが同じだったとしても、人間的に共感できる人から伝えられたかどうかで、メッセージに対する信頼度が変わってくるからです。

そういった意味では、フェイスブックやＬＩＮＥなどのＳＮＳも活用することをお勧めします。ＳＮＳは個人であることを強調してコミュニケーションできるツールで、企業の公式Ｗｅｂサイトなどには掲載しない、人間味のあふれるエピソードなどを伝えるのに適していて、プロジェクトメンバーの人となりをきちんと伝えるには持ってこいなのです。

ＳＮＳを通じて、リーダーや経営トップがプロジェクトに対する思いのほかに、自分の信条や日常の出来事などを伝えることで、人間的に共感してもらうこともできれば、オーディエンスからの信頼も得やすくなるはずです。

最後に、反抗勢力と対峙《たいじ》する時のポイントを２つあげておきますので、参考にしてください。

Ⓐヒザ詰めで話す

いわゆる反抗勢力になりそうなオーディエンスに対して、先手を打ちたい場合などには、ヒザ詰めで話すことのできる機会を早めにつくる必要があります。

大勢がいるフォーマルな場ではなく、一対一で、それもインフォーマルな場で話ができれば、プロジェクトに対する情熱や、「あなたの協力がないとプロジェクトは成功しない」ということを率直に伝えられます。

あるいは、図35や図36のなかにある「ラウンドテーブル」のような機会をつくってもいいでしょう。ラウンドテーブルとは、経営トップと少人数のオーディエンスが直接ざっくばらんに話し合う場のことですが、そのような場に反抗勢力を巻き込み、経営トップから直接メッセージを伝えると、プロジェクトの意義を実感させやすくなります。

いずれにせよ、相手に対し「重要だと思っている気持ち」や「プロジェクトの必要性（危機感）」を率直に伝えることが大切です。この時、パワーポイントのプレゼンテーション資料のようなものは用意する必要はありません。むしろ自分の言葉でどれだけ伝えるかが勝負です。

Ⓑ 一緒に汗を流す

表立っては反抗しないものの、目の届かないところで手を抜くという面従腹背に対しては、「一緒にやってみて対話する」という機会を用意します。

たとえば、反抗勢力のいる部署を「プロジェクトの導入事例をつくる場」と認定し、しっかりとしたフォローすることで、成功体験を一緒につくるのです。

成功体験をつくる過程では、リーダーの熱意を隅々まで伝えられます。非協力的だった人たちが変われば、ほかの人たちへの影響は計り知れないものがあります。

❹ コミュニケーションマップ

オーディエンス、コンテンツ、チャネルという3つのマップができたら、それらを統合し、図37のような「コミュニケーションマップ」にします。

コミュニケーションマップの横軸には「変革受容ステータス」を置き、縦軸にはコミュニケーションの対象となるオーディエンスの名前を入れます。

それらの枠のなかに、対象となるオーディエンスと実施する時期（変革受容ステータス）

図37 コミュニケーションマップ

〈例〉

		1. 興味・関心	2. 理解	3. ポジティブ志向	4. 参加意識	5. 実行※ 目標設定	5. 実行※ オペレーション	6. 当事者意識
全社員	a	1.制度導入情報.IN.a 1.変革ビジョン.IN.a 1.変革ビジョン.NL.a 1.変革ビジョン.SH.a	2.制度概要.IN.a 2.制度概要.NL.a 2.制度概要.EL.a 2.制度概要.CH.a	3.懸念対応.IN.a 3.懸念対応.NL.a	4.業務フロー.IN.a 4.業務フロー.NL.a 4.業務フロー.EL.a 4.業務フロー.CH.a	5.目標設定.IN.a 5.目標設定.NL.a 5.目標設定.SH.a 5.目標設定.EL.a 5.目標設定.CH.a	5.オペ.IN.a 5.オペ.NL.a 5.オペ.SH.a 5.オペ.EL.a 5.オペ.CH.a	6.活用情報.IN.a 6.活用情報.NL.a 6.活用情報.CH.a
管理職	m	1.変革ビジョン.IN.m	2.制度概要.IN.m 2.制度概要SE.m	3.懸念対応.IN.m	4.業務フロー.IN.m 4.業務フロー.TR.m	5.目標設定.IN.m 5.目標設定.TR.m	5.オペ.IN.m 5.オペ.TR.m	6.活用情報.IN.m
非管理職	s		2.制度概要.SE.s					
出向者	e		2.制度概要.SE.e		4.業務フロー.SE.e	5.目標設定.SE.e		
部門別	b			3.懸念対応.GM.b	4.業務フロー.GM.b			
職種別	p				4.業務フロー.IN.p	5.目標設定.IN.p	5.オペ.IN.p	6.活用情報.IN.p
個別	i	1-6.個別.HD.i → 1-6.個別.HR.i →		3.懸念対応.GM.i	4.業務フロー.GM.i			

(※：実態に合わせて変革受容ステータスの内容を細分化するケースもある)

図38 コミュニケーションマップの凡例

コミュニケーションパッケージの表現方法	変革受容ステータスNo ＋ コンテンツ略名 ＋ チャネルID ＋ 対象者ID (例)「興味・関心」ステータスにおける「変革ビジョンニュースレター全社員向けパッケージ」の場合：1.変革ビジョン.NL.a

チャネルID一覧

チャネル機能	チャネル
ハブ	IN イントラ
誘引	NL ニュースレター　SH 社内放送
説明	SE 説明会　TR トレーニング　EL E-learning
フィードバック	CH 変革意識調査
回答	HD ヘルプデスク
個別対応	GM グループミーティング　HR ヒアリング

対象者ID一覧

対象者	ID
全社員	a
管理職	m
非管理職	s
出向者	e
部門別	b
職種別	p
個別	i

を特定しながら、伝えるコンテンツと実施するチャネルを一つひとつ書き込んでいきます。その際には、前もって図38のような凡例をつくることで、チャネルマップで特定したチャネルの内容を記号化しておき、コミュニケーションマップ上でも判別がつくように工夫をします。

つまり、コミュニケーションマップは、チャネルマップの内容をオーディエンスごとに細分化し、整理し直したものといえます。

これを全体地図として、プロジェクトにおけるコミュニケーションや推進施策を実行していきますが、随時、意識調査(アンケートなど)で変革受容度を確認しながら軌道修正していきましょう。意識調査と同時に、影響度の高いオーディエンスへのヒアリングなども個別に行うとよいでしょう。

プロジェクトのドラマづくり『3つのボード』

ステージ3の「展開」では、コミュニケーションを丁寧に行っていくのと並行して、もう一つ行わなくてはならないことがあります。それは、「展開」をより迅速に熱く進めていくための「ドラマづくり」です。

ここでいうドラマとは、劇的な成功体験をしたり、失敗や困難を克服したりすることによって、登場人物たちが成長していく――、そんな物語です。

登場人物たちがいて、舞台がなくては、ドラマは生まれません。成功もあれば失敗もある舞台を用意することで、参加した人たちは自分がかけがえのない登場人物であると実感し、困難な状況を一丸となって乗り越えていこうという感情を醸成しやすくなります。

ここでは、そのようなドラマを生み出すのに役立つ「3つのボード」をご紹介します。「ジュニアボード」「ダッシュボード」「オン・ボード」です（図39）。すべてに「ボード」という言葉が含まれていますが、それぞれに少しずつボードの意味は異なります。

一見すると、「必要ないのでは？」と思われるプログラムもあるかもしれません。しかし、困難に立ち向かっていく感情の醸成をプログラムで加速させれば、プロジェクトを早期に軌道に乗せることができます。

これからご紹介する3つのボードを使うことで、一日も早くプロジェクトの果実を手にしてください。

❶ジュニアボード……既決感を払拭する

ジュニアボード（junior-board）とは、ポテンシャルのある若手や次世代リーダー候補を集めた「仮想の取締役会」のことです。つまり、この場合のボードは、「取締役会」の意味です。

やみくもに議論しても意味がありませんので、あらかじめ検討テーマをいくつか打ち出し、問題意識を持った人材を集めます。そして、集まったメンバーに、変革や経営に対するアイディアを検討してもらいます。

これは、前述した既決感を払拭するのに非常に効果のある方法です。そのため、やらされ感を感じさせては元も子もありませんので、トップダウンでメンバーを決めてしまうよりは、公募したほうがよいでしょう。

図39 3つのボード

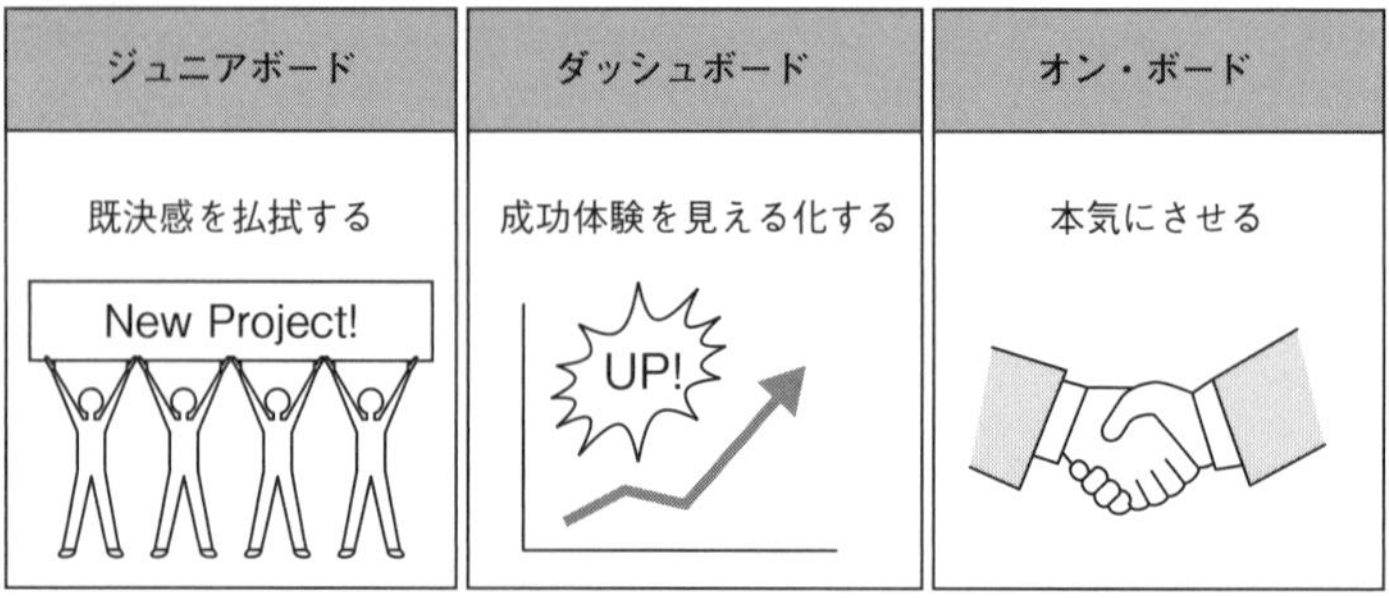

ジュニアボード	ダッシュボード	オン・ボード
既決感を払拭する	成功体験を見える化する	本気にさせる

私には、ジュニアボードのメンバーとして参加した経験と、ジュニアボードの主催側として参加した経験の両方ありますが、重要なのは「経営トップや変革のリーダーが本当に頼りにしている」という実感をメンバーに持たせることです。そうすることで、既決感がなくなり、自分も変革を推進する一員なのだという意識が強まっていきます。

さらには、検討の結果として出てきた施策を変革プログラムに加えていくことができれば、参加意識はもっと高まります。そうして、勢いのある若い世代が「変革推進者（チェンジ・エージェント）」という存在に変わっていくのです。

❷ダッシュボード……成功体験を見える化する

すぐに目に見える効果が出るとは限らない長い道のりを行く場合、メンバーのモチベーションを維持する必要に迫られます。そのような時に役立つのが、「ダッシュボード」です。

ダッシュボード（dashboard）とは、さまざまな情報源から集めたデータの概要を一覧表示する画面のことです。つまり、この場合のボードは「画面」を意味します。

システムをわざわざ開発する必要はなく、「今どこまで来ているのか」という進捗状況や、小さな成功体験などを壁に貼り出したほうが効果的です。壁は目に見えるリアルな存在として、パソコンを立ち上げなくても目にすることができます。

進捗など実務的な情報よりは、「今週のＭＶＰ」「感謝の声」「嬉しいニュース」などのような人に焦点をあてた情報を掲示するとよいでしょう。子供じみていると思われるかもしれませんが、誕生日メッセージなどを貼り出してもよいのです。

プロジェクトの過程では、きつい状況になることも十分ありえます。中核メンバーともなれば、徹夜が続いて会社に寝泊まりするなど、非日常的な状況になることもあるかもしれません。そのような時こそ、がんばっている人の姿や小さな嬉しいことを伝えるメッセージの存在が心の支えになります。

そんな小さな励ましの積み重ねが、苦労の絶えないプロジェクトを成功へと導いてくれるのです。

❸オン・ボード……本気にさせる

プロジェクトは、人ありきです。「どういうマインドが求められているか」を早急に理解してもらい、人を本気にさせるための演出が必要です。

オン・ボード（on-board）のもともとの意味は「乗り物（船や飛行機など）に乗って

いる状態」のことですが、ここでいうオン・ボードとは「新しい環境における人材の生産性・信頼性を高い状態にまで迅速に導く戦略的手段」を意味します。

いくつか方法をご紹介しますが、オン・ボードには、なかなか動かない人たちに対して、経営トップが怒りや失望を表明して会議室から出ていくなどの演出も含まれます。重要なのは、感情にまかせてそういった行動をとるのではなく、あくまでも演出として実行していくことです。

Ⓐ象徴的人事

重要な役職の人事を変えるというものです。若手を抜擢して、プロジェクトの象徴となるスターをつくり出すこともあれば、これまでの旧体制の象徴を公然と罷免《ひめん》することで、これまでとはまったく異なる意識改革が必要だということを理解させたりします。

なぜなら、人事ほど強く早く人の関心を引きつけるものはないからです。新たなプロジェクトが始まっても、「どうせ当面は守旧派が実権を握るに決まっている」と思っている人に、置かれた状況を一気に理解させる効果があります。

Ⓑ 一点突破

これは、疲弊している組織や、縦割りで硬直化していて、「どうせやってもできないに決まっている」というあきらめムードが高い人たちを「船」に乗せるための方策です。

一気に変革の高い目標を目指すのではなく、たとえば、一つの指標にこだわり、全員でその目標だけをクリアすべく、集中して実行します。スペシャルチームをつくって、一点集中でまず行動を変えて成功体験をつくり、「自分たちはできる」と信じる気持ちをつくるのです。

目標としては、「納期を半分に短縮」など、達成基準が明確で象徴的なものがよいでしょう。目標がクリアできたら、さらに難易度を上げていきます。映画やロールプレイングゲームなどでも、自信のなかった弱い主人公が困難を一つずつ乗り越えることで成長していきますが、そのような舞台を準備するのです。

あとがき

私はこれまで、数々の企業変革プロジェクトに携わるだけでなく、プロジェクト・マネジメント研修などの研修講師も務めてきました。そのなかで、プロジェクトに関わるクライアントの方々から若手のコンサルタントまで、さまざまな方たちとともに働き、切磋琢磨《せっさたくま》することで、「人を動かす」というのはきれいごとでは済まないということを、身をもって学んできました。

人を動かしたいと思うのであれば、それを推進する者がすべきことは、相手の感情を理解し、一緒に汗を流す——これにつきます。しかしやみくもに動き回ったのでは、すぐに疲れてしまい、動けなくなってしまうでしょう。

だからこそ、フレームワークが必要なのです。

ここまで、「人を動かすフレームワーク」として、18のフレームワーク（武器）をご紹介してきましたが、その全体像をつかんでいただけましたでしょうか。

本書では、全体像と各フレームワークの位置づけ（使い方）を伝えることに重点を置いて書き進めてきたつもりです。

そのため、フレームワークごとの詳細について深く知りたいという方には、もしかしたら解説に物足りないところがあったかもしれません。そのような方は、巻末で参考書籍をご紹介していますので、ぜひそちらもご参照ください。

本書の最後にお伝えしておきたいのは、「全体像を知る」ことの大切さについてです。私が駆け出しのコンサルタントだったころに、尊敬する経営者の方から「コンサルタントは50を超えるフレームワークを覚え、分析対象が目の前に現れたら瞬時に正しいフレームワークを選んで、どうすべきかという解を導き出せなくてはならない」といわれたことを今でもよく覚えています。

その時から地道に数多くのフレームワークを覚え、活用してきましたが、後輩や新人の育成にあたりよく思うのは、フレームワークはその枠内に情報を整理したら終わりではないということです。

フレームワークは、「どう動くべきか」を意思決定し、勇気を持って進んでいくためにこそ存在します。それには、一つひとつのフレームワークの知識を単独で持っているだけでは足りず、「自分がしたいことの全体像のなかでどう活用していくか」をイメージできるようになることが求められるのです。

本書ではタイプの異なる3人の物語を展開してきましたが、「へー、こんなふうに使うのか――。自分の仕事にはこういうふうに使ってみたいな」ということを思い描く一助となれば幸いです。

本書をお読みいただいた皆様の大いなる志に多くの人が共感して動き、世界がよりよい方向に向かっていくことを願って筆を置きたいと思います。

最後になりましたが、滞りがちの原稿をあっという間に整理・編集してくださった朝日新聞出版の喜多様、これまで一緒に多くの変革に携わってきた戦友である仲間とクライアント企業の皆様、いつも私を動かす源である家族に心からの感謝を申し上げます。

２０１４年夏　清水久三子

参考書籍

Stage 1

●企画（コト系）

『戦略思考コンプリートブック』河瀬誠（日本実業出版社）
『フレームワークを使いこなすための50問』牧田幸裕（東洋経済新報社）
『戦略フレームワークの思考法』手塚貞治（日本実業出版社）
『知的生産力が劇的に高まる最強フレームワーク100』永田豊志（ソフトバンククリエイティブ）
『フレームワーク使いこなしブック』吉澤準特（日本能率協会マネジメントセンター）
『プロの課題設定力』清水久三子（東洋経済新報社）

●布陣（ヒト系）

『企業変革力』ジョン・P・コッター（日経BP社）
『企業統合』金巻龍一、丸山洋、河合隆信（日経BP社）
『人を巻き込む仕事のやり方』高橋浩一（ファーストプレス）
『The Change Monster』Jeanie Daniel Duck（Crown Business）

Stage 2

●計画（コト系）

『ビジネスプランニングの達人になる法［新版］』志村勉（PHP研究所）
『A4・1枚究極の企画書』富田眞司（宝島社）
『アイデアのちから』チップ・ハース、ダン・ハース（日経BP社）
『51の質問に答えるだけですぐできる「事業計画書」のつくり方』原尚美（日本実業出版社）

●組閣（ヒト系）

『ファシリテーターの道具箱』森時彦、ファシリテーターの道具研究会（ダイヤモンド社）
『「空気」で人を動かす』横山信弘（フォレスト出版）
『チームが機能するとはどういうことか』エイミー・C・エドモンドソン（英治出版）
『すごいチーム』富永浩義（あさ出版）
『問題解決ファシリテーター』堀公俊（東洋経済新報社）

Stage 3

●実行（コト系）

『世界一わかりやすいプロジェクト・マネジメント［第3版］』G・マイケル・キャンベル、サニー・ベーカー（総合法令出版）
『先制型プロジェクト・マネジメント』長尾清一（ダイヤモンドセールス編集企画）
『意思決定のためのリスクマネジメント』榎本徹（オーム社）

●展開（ヒト系）

『人を動かす［新装版］』D・カーネギー（創元社）
『話し方入門［新装版］』D・カーネギー（創元社）
『影響力の武器［第三版］』ロバート・B・チャルディーニ（誠信書房）
『シュガーマンのマーケティング30の法則』ジョセフ・シュガーマン（フォレスト出版）

[著者]
清水久三子（しみず・くみこ）
& create代表。元日本IBM グローバル・ビジネス・サービス事業部 ラーニング&ナレッジ部門リーダー。1969年、埼玉県生まれ。お茶の水女子大学卒。大手アパレル企業を経て、1998年にプライスウォーターハウスコンサルタント（現在は日本IBM グローバル・ビジネス・サービス事業部に統合）入社。新規事業戦略立案・展開支援、コンサルタント育成強化、プロフェッショナル人材制度設計・導入、人材開発戦略・実行支援などのプロジェクトをリードし、企業変革戦略コンサルティングチームのリーダーを経て、研修部門全体を統括するリーダーに。プロジェクトマネジメント研修、コアスキル研修、リーダー研修など社内外の研修講師を務め、コンサルタントの指導育成経験を持つ「プロを育てるプロ」として知られている。主な著書に『プロの学び力』『プロの課題設定力』『プロの資料作成力』（いずれも東洋経済新報社）などがある。

●公式サイト　http://kumikoshimizu-official.com/

フレームワークで人は動く
「変革のプロ」が使いこなす18の武器

2014年10月30日　第1刷発行

著　者———————清水久三子
発行者———————首藤由之
発行所———————朝日新聞出版
〒104-8011　東京都中央区築地5-3-2
電話／03-5541-8814（編集）　03-5540-7793（販売）
印刷所———————大日本印刷株式会社

Published in Japan by Asahi Shimbun Publications Inc.
ISBN 978-4-02-331333-0
定価はカバーに表示してあります。